かんたん手作り
わんこ服

DOGWEAR and LINK GOODS

一般社団法人日本ペット服手作り協会®

日東書院

INTRODUCTION

もっとディープな手作りわんこ服の世界へようこそ！

この本は一つ目から取り組むと、手作りわんこ服の技術が
自然に上達できるような構成のシリーズ第2弾です。
第1弾の『いちばんやさしい手作りわんこ服』と同じように
タンクトップ、Tシャツ、ラグランTシャツの
基本の形から、それぞれ初級、中級、上級と3段階のレベルの
デザインを掲載しています。

第2弾では、よりデザイン性にこだわったわんこ服が多く、
飼い主さんも愛犬と一緒におしゃれが楽しめる
リンクコーデのアイテムも用意しました。
掲載の型紙サイズも11サイズに増え、
より体にフィットする「立体革命®」※型紙にパワーアップしています。

一見すると作るのが難しそうに見えるデザインでも、
作り方はシンプルだったり、意外な縫い方で仕上げていたりと
実際に作ってみることで手作りわんこ服の幅が広がります。

まずは直線縫いだけで仕上げるマナーポーチでミシンに慣れていただき、
同じ直線縫いでもレースを使ってつけえりを作り、
ニット生地を使ってスマホショルダーを作るころには
ミシンの扱いにも慣れてくるはず。
それから犬服作りに挑戦！　というように
段階を追ってレベルアップしていきましょう。

この本を使ってより深いわんこ服の扉を開きましょう！

※立体革命：袖ぐりの形、袖の位置、胸のカーブなど、わんこがより動きやすい形を追求し開発した型紙。

CONTENTS

HOW TO MAKE …… p.15

✂ リンク小物　裁ち方図 …… p.28

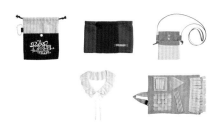

✂ A　タンクトップ　基本 …… p.41

✂ A　タンクトップ　中級 …… p.47

RAGLAN

Link coordination 1

重ね着風ラグランシャツ ＆スマホホルダー

シンプルなラグラン袖Tシャツも、
袖と裾を切り替えしにするだけで
おしゃれな重ね着風に。
ダンガリーの生地でシャツ風に仕上げると、
おでかけも楽しさ倍増！
ガーリーな小花柄や、
メンズライクなストライプに替えたりと、
組み合わせ次第で雰囲気が変わります。

HOW TO MAKE » p.92

スマホホルダー

せっかく手作りするのだから、
飼い主さんも、おそろいにチャレンジしてみましょう。
服と同じ生地を使った小物なら、手軽に取り入れられます。
ポケットつきだから、鍵など小さなものを入れるのに便利です。

HOW TO MAKE » p.34

TANK TOP

Link coordination 2

ボディバッグのタンクトップ
＆マナーポーチ

ワンちゃんにはボディバッグつきタンクトップ、
飼い主さんにはマナーポーチと、
バッグ部分だけのさりげないリンクコーデだから
誰でもチャレンジしやすいはず。
マナーポーチには消臭機能のある生地を使い、
実用性も抜群です。

HOW TO MAKE » p.30・54

レースえりのTシャツ＆レースつけえり

今では定番となったおしゃれアイテムのつけえり。
実はレースとリボンさえあれば簡単に作れちゃいます。
ワンちゃん用にも同じレースを縫いつけて、おそろいにしてみましょう！

HOW TO MAKE » p.36・69

ハイネックラグラン
＆ネックウォーマー

寒い冬でもハイネックとネックウォーマーで
お散歩時間が楽しみに。
ネックウォーマーは裏地にフリースを使用し、
ハイネックはフードとして頭にかぶれるように
ゴムとストッパーを取りつけて。
シンプルだけど工夫が満載のデザインです。

HOW TO MAKE » p.32・94

RAGLAN

Link coordination 4

T-SHIRT

パネルTシャツ
＆プレイマット

好奇心旺盛なワンちゃんには
服とおそろいで、こんなプレイマットを作ってみてはいかが？
フリンジや格子など、おやつを隠せる場所がたくさん。
雨の日のストレス発散にもなります。

HOW TO MAKE » p.37・70

燕尾シャツ
2段フリルワンピース

シンプルなタンクトップを、
ブラックの生地でフォーマルにアレンジ。
裾にシャツを縫いつけて燕尾服風に、
2段フリルを縫いつけるとワンピースに変身。
それぞれ、ポケットチーフとリボンをつけて
かわいいフォーマルウェアが完成です。

HOW TO MAKE » p.56・58

TANK TOP

Pair coordination

トレンチコート

同じTシャツの型紙でも背中にスリットを入れ、
ベルトをつけるとコート風に！
ストレッチの効いたツイード地やメルトン地を使うと
Tシャツの着せやすさを保ちつつ、
本格的なコート風に仕上げることができます。

HOW TO MAKE » p.77

HOW TO MAKE

本書に掲載しているのは、
3S〜L、3L、5L、DS、DL、FB-Mといった11種類の型紙です。
きっと愛犬にぴったりな型紙があると思います。
まずは愛犬の体のサイズを測って、体形に合う型紙を選びましょう。
ぴったりな型紙がなければ、サイズ補正にチャレンジ！

BASIC TOOLS
基本の道具

型紙を作って布を裁つなどの工程と、
布を縫い合わせるプロセスで必要となる基本的な道具。

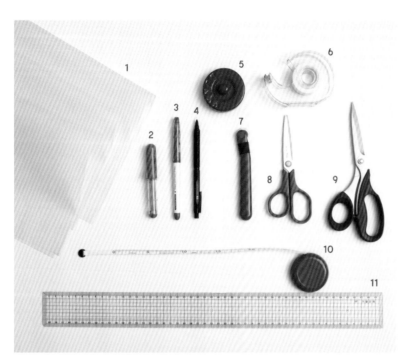

1. トレーシングペーパー・ハトロン紙…型紙を写します
2. チャコペン…ニット生地に線を引きやすいパウダータイプ
3. チャコペン…水性のもの
4. 鉛筆…型紙を布に写すときに使います
5. ウエイト…型紙を固定するために使います
6. メンディングテープ…型紙を布に写すとき、
   紙を固定します
7. ソフトルレット…布に印をつけるときに使います
8. 紙用はさみ…紙を切るときに使います
9. 裁ちばさみ…布を切るためのはさみ。よく切れるものを
10. メジャー…採寸するときに使います
11. 方眼定規…曲げられるかたさのものが便利

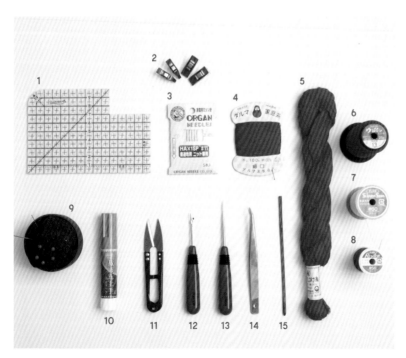

1. アイロン定規…縫い代をアイロンで折るときに便利
2. 手芸用クリップ…布のずれを防ぐのに使います
3. ニット用ミシン針…生地の厚さに合ったものを使います
4. 手縫い糸…布の厚さや種類によって選びます
5. しつけ糸…布がずれないように粗く縫ってとめます
6. ニット用ミシン糸…ウーリー糸（下糸用）
7. ミシン糸…ニット地以外の生地に使うミシン糸
8. ニット用ミシン糸…レジロン糸（上糸）
9. 手縫い針・まち針・針山…手縫い用の針。布がずれない
   ようにとめるまち針は、針山
   で保管します
10. 手芸用のり…仮止めに使うと便利
11. 糸切りばさみ…糸を切るためのはさみ
12. リッパー…ミシン目をほどくときに使います
13. 目打ち…角を整えるなど細かな作業に
14. ピンセット…ミシンで縫うとき布を押さえるなど
   細かな作業に
15. ひも通し…ゴムテープなどを通すときに便利

わんこ服作りに適した布地

愛犬に服を着せたり脱がせたりするには、伸縮性のある布地が適しています。
ニット地が一番おすすめ。たとえば、こんな生地がおすすめです。

1段目はTシャツにおすすめのもの。左から天竺ニット、スムースニット、フライスニット、スパンフライス、スパンテレコ。

2段目はニット地のバリエーションです。左からワッフルニット、ダンボールニット、フリースニット、カノコニット、裏毛ニット。

3段目は布帛です。左からギンガムチェック、帆布、ナイロン撥水、ダンガリー、消臭不織布。

デザインに利用できる便利な材料

基本のデザインにタグをつけたり、プリントしたり工夫して、
オリジナルの作品を作りましょう。

アイロン接着のもの

アイロン接着のプリントシートやワッペン、ラインストーンなど。初心者でも簡単。

便利な雑貨

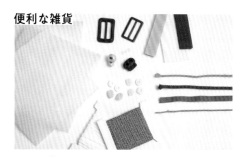

キルト芯と、コード類、ストッパー、バックル、面ファスナーなどあると便利。

コード類

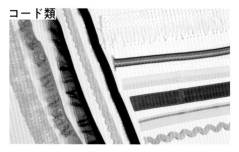

レースのフリンジや、ラメのコード、反射テープなど、飾りとして上手に利用しましょう。

ワンポイントグッズ

タグはワンポイントに使うと便利。ポンポンやレースモチーフなどもかわいらしくあしらって。

サイズの測り方と型紙のサイズの選び方

作りたいアイテムが決まり、使う生地も決まったら、サイズを選びます。
このときに、必要であれば型紙を補正します。

―――――――――――――― ワンちゃんのサイズの測り方 ――――――――――――――

1　サイズの測り方

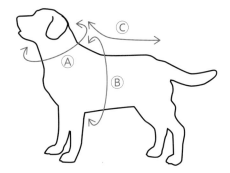

Ⓐ　首まわり：首のつけ根（首輪をつける部分の下）あたり
　　の首まわりの長さ

Ⓑ　胴まわり：前足のつけ根を通った、一番太い胴まわりの
　　長さ

Ⓒ　着丈：首のつけ根（首輪をつける部分の下）〜好みの長
　　さ（しっぽまでの間の好みの長さ）

首まわり、胴まわりはぴったり測り、各サイズにゆとり分を足して、サイズを選びます。
型紙は、洋服の仕上がりのサイズになっています。愛犬のサイズを測った後、ゆとり分を足した胴まわりを基準に、愛犬のサイズと一番近いサイズの内、大きい方のサイズを選びましょう。

2　ゆとり分の考え方

毛量や生地の伸縮性によってゆとり分量を変えると、より快適な服になります。人の服でも、ぴったりすぎる服は動きづらく、きゅうくつになるように、ワンちゃんも過ごしやすい生地とサイズを選びましょう。
胴まわり、首まわりなどをぴったり測った後、ワンちゃんが動きやすいようにゆとり分を足します。

■ニット生地で作る場合（タンクトップ、Tシャツなど）

・小型犬で胴まわりにプラス2〜3cm、首まわりにプラス2cmほど
・中型犬で胴まわりにプラス3〜4cm、首まわりにプラス2〜3cm
・大型犬で胴まわりにプラス5〜8cm、首まわりにプラス2〜5cm

※首まわりのゆとり分が少ない理由は、犬服の場合、犬には肩がないので、首まわ
　りが大きすぎると洋服が下にずれてくるためです。首まわりはぴったりでもちょ
　うどいいくらいです。

※サイズ表は、タンクトップ、Tシャツ、ラグランTシャツの基本のページ（p.42、
　p.61、p.80）に掲載しています。

3　サイズ選びの優先順位

首まわり、胴まわり、着丈、体重でサイズを選びますが、
優先順位は **胴まわり→首まわり→体重→着丈** です。

補正の仕方

本書では3S〜L、3L、5L、DS・DL、FB-Mといった11種類の型紙を掲載していますが、
ワンちゃんによって体形はさまざま。ちょっと太かったり、ちょっと細かったり。
そこで、なるべく体形に合わせられるよう、基本的な補正の仕方をご紹介します。

──────────────── 着丈の補正 ────────────────

[長くする場合]

タンクトップ・Tシャツ

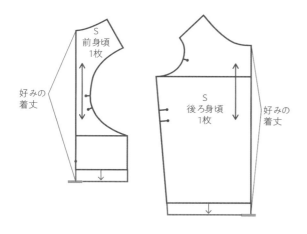

好みの着丈になるように印をつけ、裾の線を
平行に移動し、脇線を延長します。

[短くする場合]

タンクトップ・Tシャツ

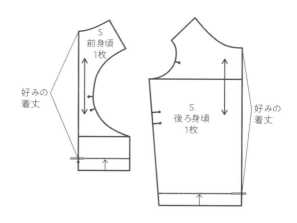

好みの着丈になるように印をつけ、裾の線を
平行に移動し、裾を切り落とします。

ラグランT シャツ

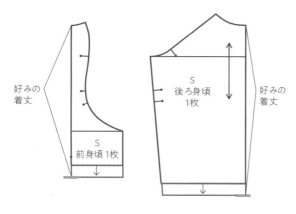

好みの着丈になるように印をつけ、裾の線を
平行に移動し、脇線を延長します。

ラグランT シャツ

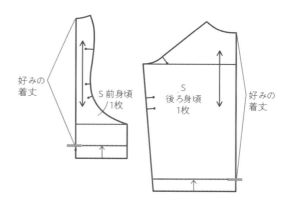

好みの着丈になるように印をつけ、裾の線を
平行に移動し、裾を切り落とします。

RESIZE

胴まわりの補正

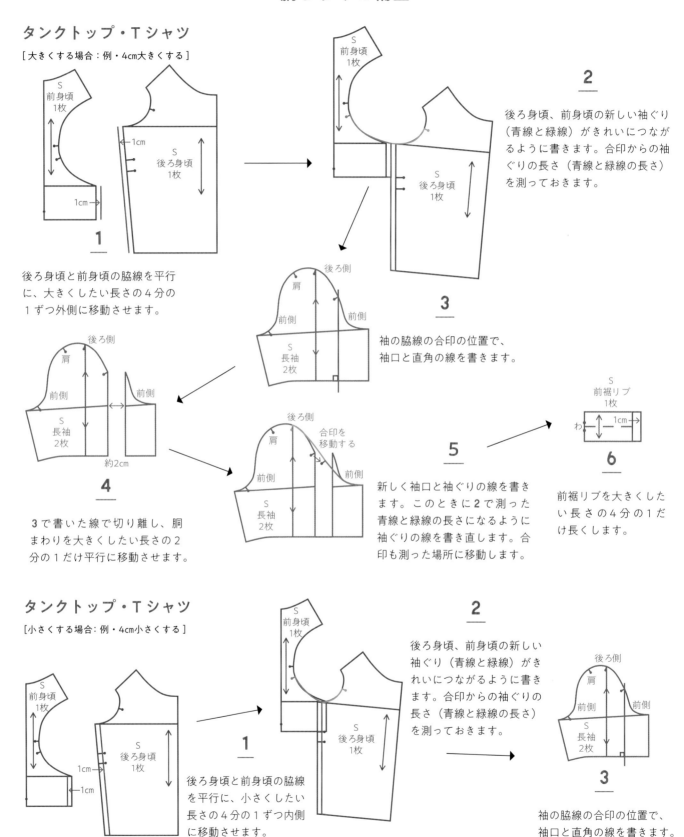

タンクトップ・Tシャツ

[大きくする場合：例・4cm大きくする]

1

後ろ身頃と前身頃の脇線を平行に、大きくしたい長さの4分の1ずつ外側に移動させます。

2

後ろ身頃、前身頃の新しい袖ぐり（青線と緑線）がきれいにつながるように書きます。合印からの袖ぐりの長さ（青線と緑線の長さ）を測っておきます。

3

袖の脇線の合印の位置で、袖口と直角の線を書きます。

4

3で書いた線で切り離し、胴まわりを大きくしたい長さの2分の1だけ平行に移動させます。

5

新しく袖口と袖ぐりの線を書きます。このときに2で測った青線と緑線の長さになるように袖ぐりの線を書き直します。合印も測った場所に移動します。

6

前裾リブを大きくしたい長さの4分の1だけ長くします。

タンクトップ・Tシャツ

[小さくする場合：例・4cm小さくする]

1

後ろ身頃と前身頃の脇線を平行に、小さくしたい長さの4分の1ずつ内側に移動させます。

2

後ろ身頃、前身頃の新しい袖ぐり（青線と緑線）がきれいにつながるように書きます。合印からの袖ぐりの長さ（青線と緑線の長さ）を測っておきます。

3

袖の脇線の合印の位置で、袖口と直角の線を書きます。

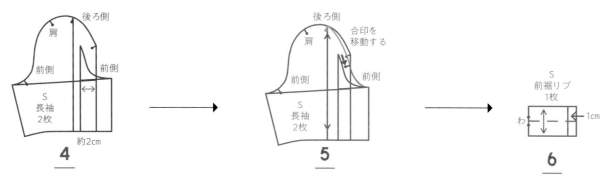

4

3で書いた線で切り離し、胴まわりを小さくしたい長さの2分の1だけ平行に移動させます。

5

新しく袖口と袖ぐりの線を書きます。このときに2で測った青線と緑線の長さになるように袖ぐりの線を書き直します。

6

前裾リブを小さくしたい長さの4分の1だけ短くします。

ラグランTシャツ

[大きくする場合：例・4cm大きくする]

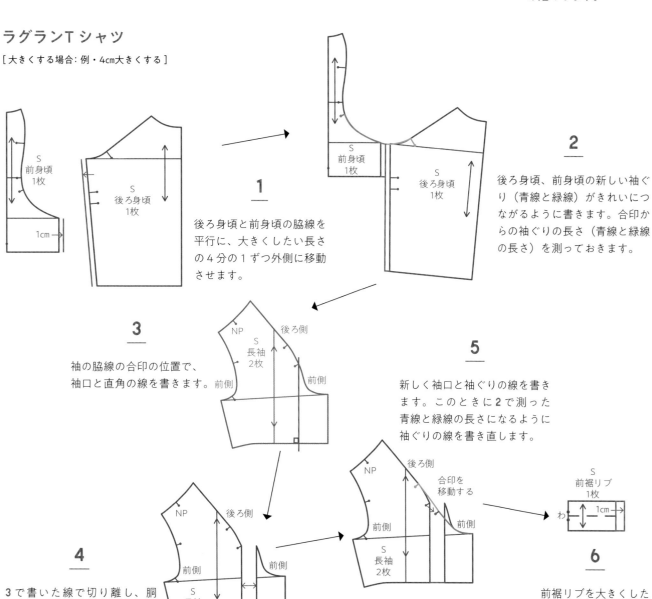

1

後ろ身頃と前身頃の脇線を平行に、大きくしたい長さの4分の1ずつ外側に移動させます。

2

後ろ身頃、前身頃の新しい袖ぐり（青線と緑線）がきれいにつながるように書きます。合印からの袖ぐりの長さ（青線と緑線の長さ）を測っておきます。

3

袖の脇線の合印の位置で、袖口と直角の線を書きます。

4

3で書いた線で切り離し、胴まわりを大きくしたい長さの2分の1だけ平行に移動させます。

5

新しく袖口と袖ぐりの線を書きます。このときに2で測った青線と緑線の長さになるように袖ぐりの線を書き直します。

6

前裾リブを大きくしたい長さの4分の1だけ長くします。

ラグランTシャツ

[小さくする場合：例・4㎝小さくする]

1

1cm

S
後ろ身頃
1枚

1cm

S
前身頃
1枚

後ろ身頃と前身頃の脇線を
平行に、小さくしたい長さ
の4分の1ずつ内側に移動
させます。

2

後ろ身頃、前身頃の新しい袖ぐり（青線と
緑線）がきれいにつながるように書きます。
合印からの袖ぐりの長さ（青線と緑線の長
さ）を測っておきます。

S
前身頃
1枚

S
後ろ身頃
1枚

3

NP
後ろ側
前側
前側

S
長袖
2枚

袖の脇線の合印の位置で、
袖口と直角の線を書きます。

4

NP
後ろ側
前側
前側

S
長袖
2枚

約2cm

3で書いた線で切り離し、
胴まわりを小さくしたい長
さの2分の1だけ平行に移
動させます。

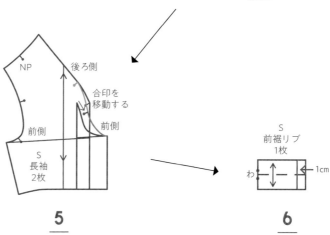

5

NP
後ろ側
合印を
移動する
前側
前側

S
長袖
2枚

新しく袖口と袖ぐりの線を書きます。この
ときに2で測った青線と緑線の長さにな
るように袖ぐりの線を書き直します。

6

S
前裾リブ
1枚

わ
1cm

前裾リブを小さくしたい長さ
の4分の1だけ短くします。

—— えりぐりの補正 ——

数センチ程度の補正（大きく・小さく）であれば、えりリブの長さをワンちゃんの首まわりのサイズになるように長くしたり短くしたりして縫いつけることでえりぐりの補正ができます。4〜5cm以上の補正の場合、えりリブの補正と合わせて身頃の補正もします。

タンクトップ、Tシャツ、ラグランTシャツ共通

[大きくする場合：例・4cm大きくする]

1

えりリブを大きくしたい長さの
2分の1だけ伸ばします。

[小さくする場合：例・4cm小さくする]

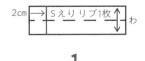

1

えりリブを小さくしたい長さの
2分の1だけ切り落とします。

タンクトップ・Tシャツ

[大きくする場合：例・4cm大きくする]

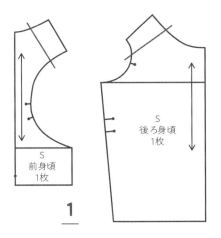

1

前身頃と後ろ身頃に図のように脇線の真ん中あたりに線（赤線）を書き、そこで切り離します。

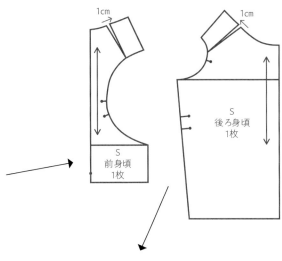

2

大きくしたい長さの4分の1ずつえりぐりを離します。

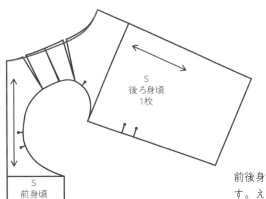

3

前後身頃の肩線を合わせて配置します。えりぐりの線がきれいにつながるように書きます。

タンクトップ・Tシャツ

[小さくする場合：例・4cm小さくする]

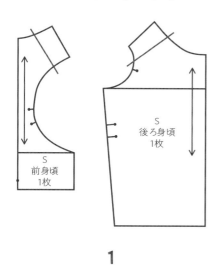

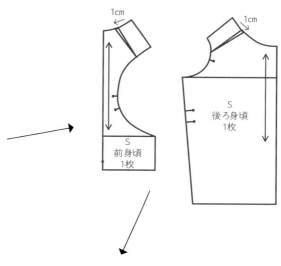

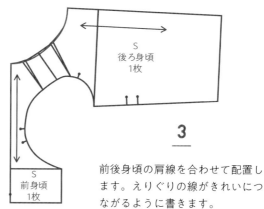

1

前身頃と後ろ身頃に図のように線（赤線）を書き、線で切り離します。

2

小さくしたい長さの4分の1ずつえりぐりを重ねます。

3

前後身頃の肩線を合わせて配置します。えりぐりの線がきれいにつながるように書きます。

ラグランTシャツ

[大きくする場合：例・4cm大きくする]

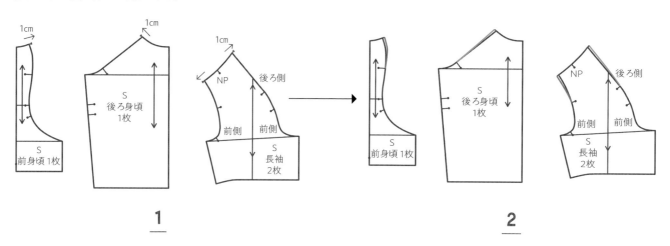

1

前身頃、後ろ身頃、袖の4か所に大きくしたい長さの4分の1ずつ延長線を書きます。

2

1の線から袖ぐり線を書きます。このときに縫い合わせる箇所（青線同士、緑線同士）の長さが同じになるようにします。

ラグランTシャツ

[小さくする場合：例・4cm小さくする]

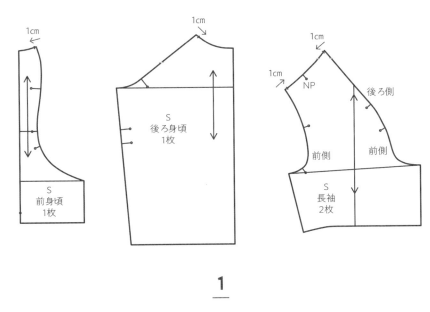

1

前身頃、後ろ身頃、袖の4か所に小さくしたい長さの4分の
1ずつ内側に印をつけます。

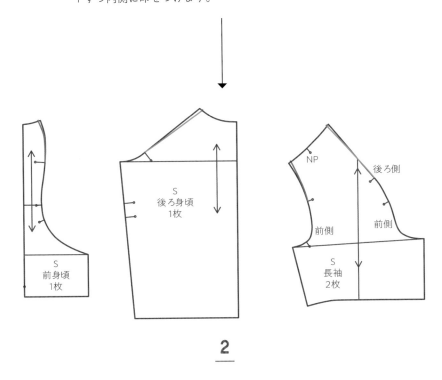

2

1の印から袖ぐり線を書きます。このときに縫い合わせる箇所
（青線同士、緑線同士）の長さが同じになるようにします。

ミシンについて

本書ではロックミシンと家庭用ミシンを使って縫っています。
ここでは家庭用ミシンを使った縫い方と、ロックミシンを使った縫い方を見ていきましょう。

1 家庭用ミシン

ロックミシンで縫うところは、直線縫いとジグザグ縫い（ふちかがり）の2種類の機能を使います。

[糸：上糸にレジロン系、
　　下糸にウーリー系

ニット用糸、レジロン糸、
ウーリー糸など]

[針：生地の厚みに合わせたニット用針

薄地用：#9…スパッツや下着（レース）など薄い生地
普通地用：#11…Tシャツやトレーナーなどの生地
中厚地用：#14…フリース、ボアなどの厚みのある生地、または生地が重なって厚みが出る部分]

試し縫いで生地が伸びていたら、
テフロン押さえなどすべりのよい
押さえ金と交換してみてください。

● 家庭用ミシンでの基本の縫い方

1
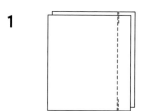
直線縫いをします。

2

直線縫いの脇（布端側）にジグザグミシンをかけます。

3
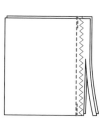
余分な縫い代を切り落とします。このときに糸を切らないように注意しましょう。

2 ロックミシン

ニットソーイングには4本糸、2本針を選んでください。
3本糸、1本針をお持ちの場合は、直線縫いと合わせてふちかがりとして使いましょう。

[糸：スパン糸4本]　[針：生地の厚みに合わせたニット用針]

まち針がミシンにまき込まれないように
注意しましょう。始めは押さえ金のかなり手前から
まち針をはずしていくと、まき込みを防げます。

● ロックミシンでの基本の縫い方

1
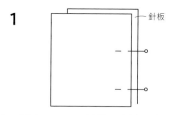
針板
布の端をミシンの針板の右端に合わせて縫います。

2
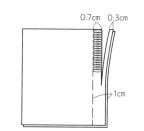
0.7cm　0.3cm
1cm
ロックミシンの場合、布の端から左の針まで約0.7cmですが、通常の縫い代は1cmあります。そのため、0.3cmほど切り落としながら縫います。

3

一度縫うだけで仕上がります。

POINT

ニット地は縫っているときに伸ばさないことが重要です。
家庭用ミシン、ロックミシンともに、縫った箇所を確認し、伸びていれば以下のことを確認してみましょう。

◎手の配置…力が入りすぎて生地を引っ張りすぎていないか。
◎カーブ…カーブはカーブのまま、引っ張らない。
◎まち針の本数…本数は足りているか。クリップが邪魔になっていないか。
◎伸びやすい生地…始めは伸縮性の少ない生地を選んで慣れましょう。

ソーイングの基本用語
作り方解説のページでよく使われる基本的な用語です。

【 わ 】
布地を二つに折ってできる部分を「わ」といいます。

【 中表と外表 】
布地の表同士を内側にして合わせることを「中表」といい、裏同士を合わせて外側を表にすることを「外表」といいます。

【 二つ折り 】
布を二つに折ります。

【 三つ折り 】
でき上がり線で一度折り、さらに布端を内側に入れて折ります。

【 四つ折り 】
布の両端を中心に合わせて折り、さらに中心で折ります。
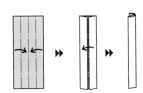

【 返し縫い 】
縫い始めと終わりは、ほつれやすいので、二重に縫って丈夫にします。

【 縫い代を割る 】
縫い代を開いてアイロンをかけます。

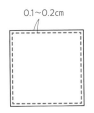
覚えておいてね！

【 コバステッチ 】
布端から0.1〜0.2cmのところを縫うステッチ。
0.1〜0.2cm

布の名称
布幅…布の横地の耳から耳まで。
耳…織り糸が折り返している両端。
縦地…耳に平行している布目で、裁ち方図に矢印で示しています。
バイアス…縦地に対して45度の角度で伸びやすい。

【 合印 】
縫い合わせるときにきちんと合わせる目印。

※ニットは伸びる方向があるので、縦横どちらによく伸びるのか確認しましょう。縦地が伸びない方向です。

27

リンク小物 # 裁ち方図

[マナーポーチ]

(HOW TO MAKE　p.30)

■材料

生地A…消臭シート
生地B…ナイロン生地
プラスナップボタン13㎜ 1 組
綿ロープ50cm x 2 本
カラビナ 1 個
アイロンプリントシート 1 枚

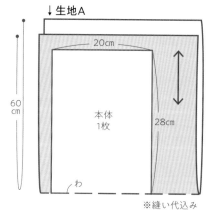

↓生地A

60cm

20cm

本体
1枚

28cm

わ

※縫い代込み

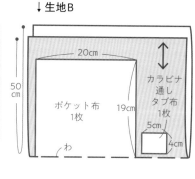

↓生地B

50cm

20cm

ポケット布
1枚

19cm

カラビナ
通し
タブ布
1枚

5cm

4cm

わ

[ネックウォーマー]

(HOW TO MAKE　p.32)

■材料

生地A…段ボールニット生地
生地B…フリースニット生地
タグ 1 枚
ストッパー 1 個
丸ゴム直径4㎜×70cm

↓生地A

表布 1枚

19cm

46cm

↓生地B

表別布
1枚

19cm

裏布 1枚

19cm

14cm

58cm

※縫い代込み

[スマホホルダー]

(HOW TO MAKE　p.34)

■材料

生地A…ミニ裏毛ニット
生地B…ダンガリー生地
生地C…スパンテレコ
ボタン10㎜× 2 個
合皮ひも6㎜×140cm
ボタンつけ用手縫い糸

↓生地A

ポケット布
表地1枚

11cm

15.5cm

※縫い代込み

↓生地C

ポケット口布
1枚

7cm

15.5cm

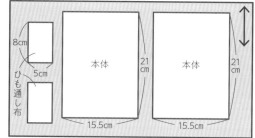

↓生地B

8cm

5cm

ひも通し布

本体

21cm

本体

21cm

15.5cm

15.5cm

※ひも通し布と本体は2枚裁断します　　※縫い代込み

［ レースつけえり ］
(HOW TO MAKE　p.36)

■材料
レース8cm幅×120cm
サテンリボン6mm幅45cm×2本
布用のり（スティックタイプ）

［ プレイマット ］
(HOW TO MAKE　p.37)

■材料
生地A…マイクロフリース生地（グレー）
生地B…マイクロフリース生地（ライトグレー）
生地C…マイクロフリース生地（ブルー）
生地D…シーチング生地（ストライプ）
生地E…シーチング生地（無地）
面ファスナー2.5cm幅×5cm　1セット

↓生地A　　　　　　　　　　　　　　　　　※縫い代込み

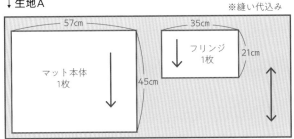

57cm
35cm
マット本体
1枚
フリンジ
1枚
45cm
21cm

↓生地C

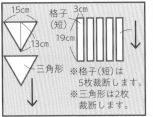

15cm
格子
（短）
3cm
19cm
13cm
三角形
※格子（短）は
5枚裁断します。
※三角形は2枚
裁断します。

↓生地E

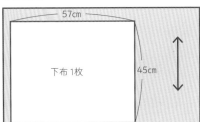

57cm
下布 1枚
45cm

↓生地B　　　　　　　　※格子（長）は4枚裁断します。

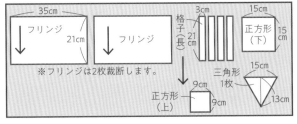

35cm
フリンジ
21cm
フリンジ
格子
（長）
3cm
21cm
15cm
正方形
（下）
15cm
※フリンジは2枚裁断します。
9cm
正方形
（上）
9cm
三角形
1枚
15cm
13cm

↓生地D

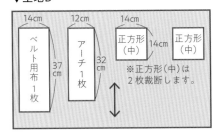

14cm
12cm
14cm
ベルト
用布
1枚
アーチ1枚
正方形
（中）
14cm
正方形
（中）
37cm
32cm
※正方形（中）は
2枚裁断します。

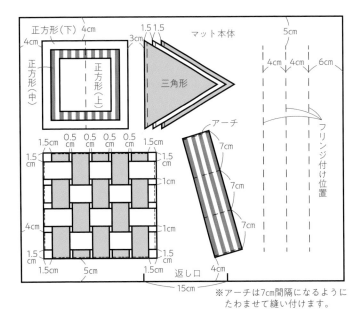

正方形（下）4cm
4cm
3cm
1.5 1.5
マット本体
5cm
正方形（中）
正方形
（上）
正方形（中）
三角形
0.5cm　0.5cm　0.5cm　0.5cm
1.5cm　1.5cm
1.5cm
1cm
1.5cm
1cm
アーチ
7cm
4cm
1cm
7cm
4cm
7cm
4cm
4cm　4cm　6cm
フリンジ付け位置
1.5cm
1.5cm
1.5cm
5cm
1.5cm
返し口
15cm
※アーチは7cm間隔になるように
たわませて縫い付けます。

マナーポーチ

Photo » p.8
Design » 佐藤淳子

FRONT　　　BACK

STEP 1. 袋に仕立てる ------------------------------------

1

本体布、ポケット布、タブ布、カラビナ、プラスナップボタン、綿ロープ、アイロンプリントシートを用意します。

2

ポケット布の上下、3cmを三つ折りします。

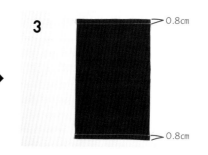

3

2で三つ折りした端から0.8cmのところをステッチします。

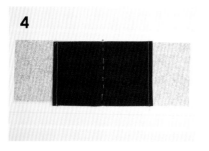

4

ポケット布の表面を上にして、本体の表側にのせてまち針でとめます。

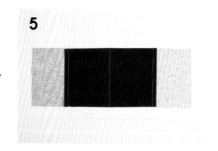

5

真ん中を縫いとめます。

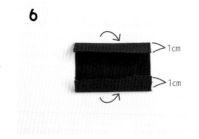

6

タブの上下を1cmずつ裏へ折ります。

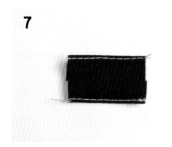

7

コバステッチで押さえます。

8

二つに折ります。

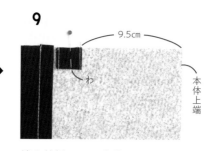

9

端を外側にして本体の上端から9.5cmのところにまち針でとめます。

10

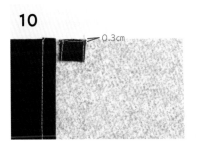

端から0.3cmのところを縫い、仮止め
します。

11

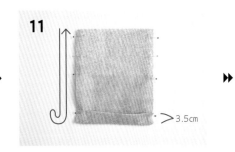

本体を中表に二つに折り、さらに
「わ」を3.5cm折ってマチをとります。

12

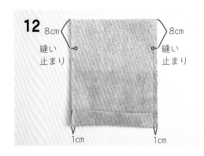

両サイドの縫い止まりから下を、縫い
代1cmで縫います。

13

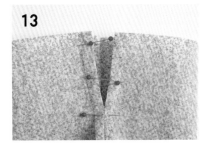

両サイドの縫い代を割って、ひも通し
部分の縫い代をまち針でとめます。

14

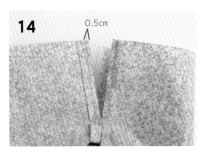

端から0.5cmのところをコの字に縫い
ます。

15

口部分を2cm幅で裏に三つ折りします。

16

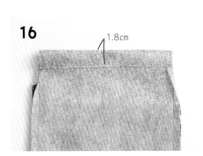

端から1.8cmのところを縫います。

STEP 2. 付属品をつける

1

表に返します。

2

あて布などをし、アイロンプリントシー
トで模様を転写します。

※お使いのシートの手順にしたがってください。

3

ポケット口中央に目打ちなどで穴をあ
け、プラスナップボタンをつけます。

4

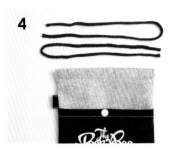

綿ロープ2本を、それぞれのひも通
し口から通します。

5

ひもの先を結び、タブにカラビナをつ
ける。完成。

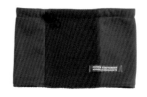

リンク小物 ネックウォーマー

Photo » p.10
Design » Cocha★9

STEP 1. 表布と裏布を縫い合わせる

1 表布、表別布、裏布、丸ゴム、タグ、ストッパーを用意します。

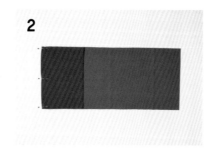

2 表布と表別布の端を中表に合わせてまち針でとめます。

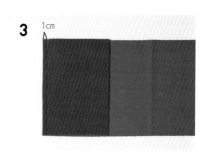

3 縫い代1cmで縫い合わせます。

4 3で縫ったところを開いて、タグを表側の下端から4.5cmのところに、両端をコバステッチで縫いつけます。

5 表布と裏布を中表に合わせて上端をまち針でとめます。

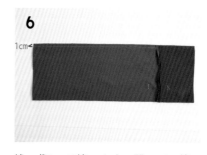

6 縫い代1cmで縫います。開いて、縫い代を割ります。

7 中表に二つに折り、両端をそろえてまち針でとめます。

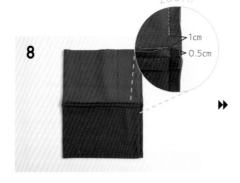

8 ひも通し口を1cm残して、縫い代1cmで縫います。

9 表に返してひも通し口のまわりをステッチします。

STEP 2. 筒状に縫う -

1

裏に返して、上側の生地どうしを中央にそれぞれ折りたたみます。

2

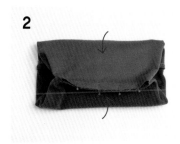

下側の生地どうしを中表で合わせられるところまでまち針でとめます。

3

返し縫いをし、中から生地を引き出しながら縫い代1cmで縫います。このときに返し口を5cm残しておきます。

4

返し口5cm。

5

返し口から布を引っ張り出して、表に返します。

6

上（ひも通し口のある方）は端から2cm、下は端から0.5cmのところにステッチを一周かけます。

7

ひも通し口から丸ゴムを通し、ストッパーを通して結んで丸ゴムを切ります。

8

完成。

リンク小物 ## スマホホルダー

Photo » p.7
Design » un.deux.dogwear

STEP 1. ポケット布を作る

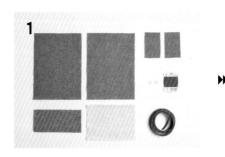

1

本体2枚、ひも通し布2枚、ポケット布、ポケット口布、ボタン、ボタンつけ用手縫い糸、合皮ひもを用意します。

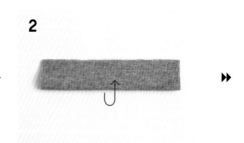

2

ポケット口布を外表で二つ折りします。

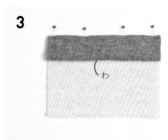

3

ポケット布の表にポケット口布をのせ、まち針でとめます。

STEP 2. ひも通しのタブを作る

4

縫い代1cmで、ロックミシンで縫い合わせます。

1

ひも通し布を中表で二つに折り、まち針でとめます。

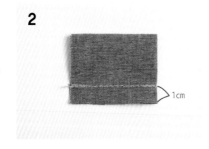

2

縫い代1cmで縫います。

STEP 3. 本体を仕上げる

3

表に返します。

4

二つに折ります。これを二つ作ります。

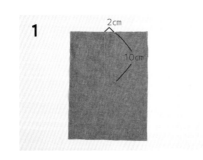

1

本体の布（1枚）の表中央にステッチを10cmの長さで2本入れます。

2

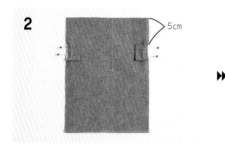

5cm

ひも通し布を本体表の上から5cmのところに、まち針でとめます。

3

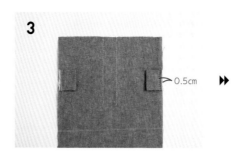

0.5cm

端から0.5cmのところを縫い、仮止めします。

4

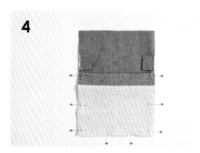

ポケットの表面を上にして本体にのせてまち針でとめます。

5

0.5cm

両サイドと下辺の端から0.5cmのところを縫い、仮止めします。

6

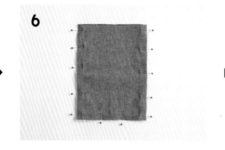

もう1枚の本体の布を中表に合わせ、まち針でとめます。

7

上辺以外の3辺を縫い代1cmで縫い合わせます。

8

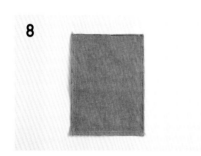

端を切り落とさずにロックミシンで始末します。

9

口部分を1.5cm幅で裏に三つ折りします。

10

1.3cm

端から1.3cmのところを縫います。

11

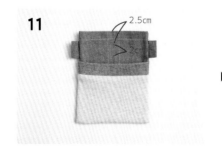

2.5cm

2cm

表に返して形を整え、ボタンつけ位置に印をつけます。

12

ボタンを縫いつけます。

13

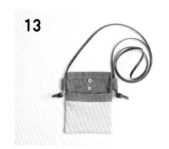

ひもを通して先を結びます。完成。

リンク小物 レースつけえり

Photo » p.9
Design » わんこ服melody★house

STEP 1. レースを縫い合わせる --

1

リボン2本、ギャザーレース2枚を
用意します。

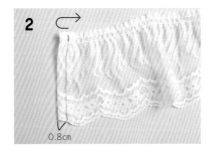

2

0.8cm

レースの端を裏に1cm折り、端から0.8
cmのところを縫います。2枚の両端
計4か所、同様に縫います。

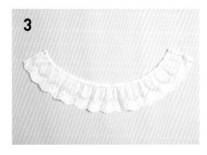

3

レース2枚を中表に重ね、上側を縫
い代1cmで縫い合わせます。

STEP 2. リボンをつける --

1

1cm

縫い代を割り、リボンを片側の縫い代
に1cmのせ、まち針でとめます。

2

STEP 1で縫った縫い目の上を縫い、
リボンをとめます。もう片方にもリボ
ンを縫いつけます。

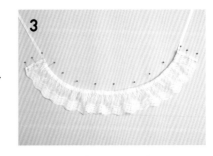

3

外表に二つに折り、まち針でとめます。

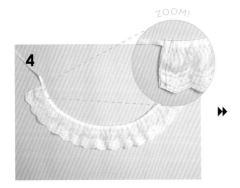

4

ZOOM!

3辺をコバステッチします。

5

リボンの先がほつれないよう、指先で
手芸用のりを塗っておきます。

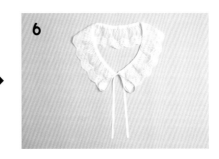

6

完成。

リンク小物　プレイマット

Photo » p.11
Design » ソーイング教室nico

STEP 1. パーツを準備する -

1

下布、表布。

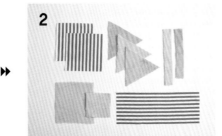

2

パーツの布いろいろ。

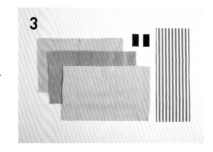

3

面ファスナー、ベルト用布、フリンジ用布など。

STEP 2. 四角いパーツを縫いつける -

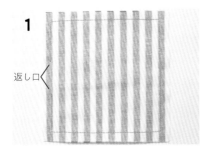

1

返し口

四角いストライプ布2枚を中表に合わせ、返し口を残して縫い代1cmで周囲を縫います。

2

返し口から表に返して、周囲をコバステッチします。

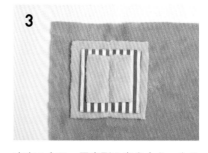

3

表布の上に、正方形の布を大きいものから順に重ね、直線ミシンで真ん中を縫ってとめます。

※配置の仕方はp.29参照。

STEP 3. 三角パーツを縫いつける -

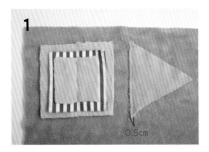

1

0.5cm

三角形の布を配置して、端から0.5cmのところを縫います。

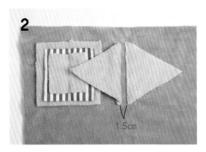

2

1.5cm

2枚目の三角布を1.5cm離して配置し、端から0.5cmのところを縫います。

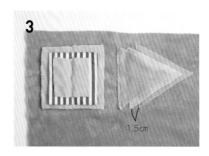

3

1.5cm

3枚目の三角布も同様に縫います。

37

STEP 4. 格子模様を作る -

1

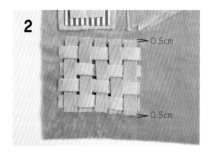

2

格子模様のグレー布を配置し、端から0.5cmのところを縫いとめます。

※配置の仕方はp.29参照。

ブルー布をグレー布に格子状にくぐらせ、端から0.5cmのところを縫いとめます。

STEP 5. アーチを縫いつける -

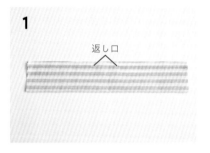

1

返し口

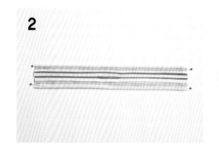

2

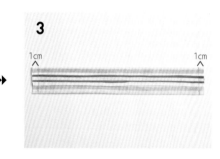

3

1cm　　　　1cm

アーチ用の布を中表に二つに折り、返し口を5cm開けて縫い代1cmで縫います。

縫ったところを真ん中にずらし、縫い代を割ります。

両端を縫い代1cmで縫います。

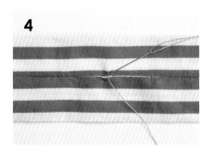

4

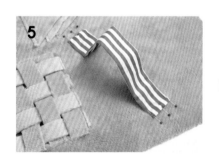

5

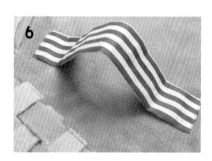

6

返し口から表に返して、返し口を手縫いでまつります。

縫い目を下にして、指定の位置にアーチになるよう両端をまち針でとめます。

※配置の仕方はp.29参照。

両端をコバステッチで縫いつけます。

3つのアーチができるように、7cm間隔で2か所まち針でとめます。

7cm間隔のところを縫います。

STEP 6. フリンジをつける - ZOOM!

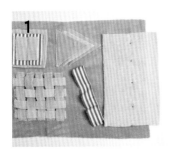

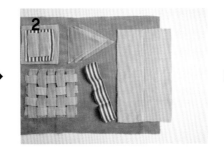

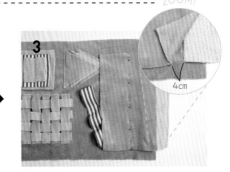

フリンジ用の布の1枚目を指定の位置に配置します。

※配置の仕方はp.29参照。

真ん中を直線ミシンで縫います。

2枚目の布の真ん中を4cm離してまち針でとめて縫います。

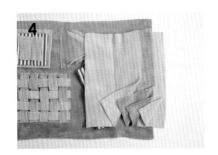

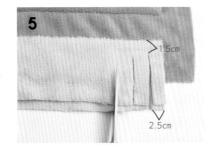

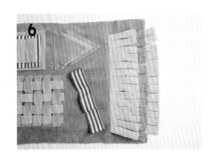

同様に3枚縫いつけます。

下の布から順に、縫い目から1.5cmのところまで切り込みを入れます。2.5cm幅で端まで切り込みを入れます。

フリンジのできあがり。

STEP 7. ベルトをつける

1

ベルト用布を中表に半分に折り、縫い代1cmでL字に縫います。

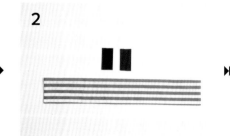

2

返し口から表に返します。面ファスナーを用意します。

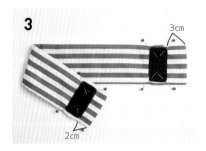

3

ベルトの返し口側に面ファスナーのオスを端から3cmのところに、反対側の裏面にメスを端から2cmのところにまち針でとめます。

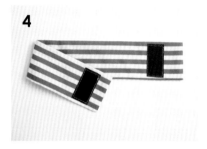

4

面ファスナーを縫いつけます。

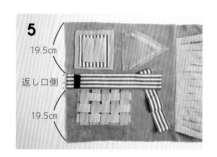

5

ベルト用布を、本体の端の中心にまち針でとめます。

6

端から0.5cmのところを縫い、仮止めします。

STEP 8. 下布をつける

1

フリンジを挟まないように下布を中表に合わせ、まち針でとめます。

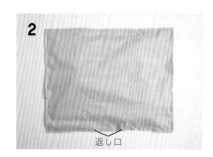

2

返し口を15cmあけて、縫い代1cmで縫い合わせます。

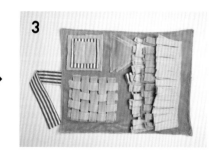

3

返し口から表に返し、本体の端から0.5cmのところを一周ステッチします。完成。

TANK TOP

Basic
- 基本 -

次は服を作っていきましょう！
基本のタンクトップは、裾が四角のデザインなので、
小物で練習した直線縫いの技術が役立ちます。
きれいな仕上がりに見せるポイントは、
一番目立つ裾の角をきれいに出すこと！
しっかりアイロンがけするのが重要になります。
生地を伸ばさないように注意して、
ゆっくり、丁寧に仕上げてみましょう！

HOW TO MAKE » p.43

🧵 A タンクトップ 基本

■材料

生地A…カノコニット
生地B…フライスニット
糸…レジロン（ニット用糸）：上糸、ウーリー糸：下糸
※ロックミシン使用の場合は、ロック用スパン糸を4個使用しましょう。

■下準備

1. 型紙を写し、裁ち方図を参考に縫い代（赤線：指定以外1cm）をつけます。
2. 必要用尺を計算し、生地を購入します。
3. 型紙を配置し、ゆっくり生地を裁断します。

■裁ち方図　基本

モデル犬／ボストン・テリア
（Photo：p.41）

首まわり…28.5cm
胴まわり…41cm
着丈…30cm
体重…4.8kg
型紙…SM

補正のポイント
・着丈23cmに
・首まわり28.5cm（リブ）に

↓生地A

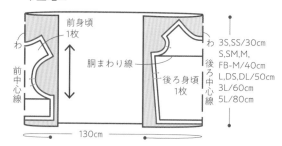

↓生地B

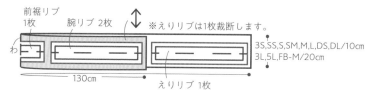

サイズ	首まわり （えりリブの長さ） A	胴まわり B	着丈 （えりリブ込み） C	※欄外のわんこ服 着丈 （えりリブ込み）	目安体重（kg）
3S	16.5	31	17.5	19.5	1.5～2
SS	19	35.5	21	23	～3
S	21	40	22.5	24.5	～4
SM	22	43.5	25	27	～5
M	23	47	27	29	～6
L	32.5	54	32.5	34.5	～8
3L	36.5	68	42	44	12～16
5L	42.5	88	63	65	26～35
DS	23	43	32.5	34.5	3～4.5
DL	30	55	37.5	39.5	7～10
FB-M	34	52	27.5	29	8～13

(cm)

※p.51「ギャザーワンピース」、p.56「燕尾シャツ」、p.58「2段フリルワンピース」は、デザインの都合
で着丈を基本の形より2㎝伸ばしています。

A タンクトップ 基本のタンクトップ

Photo » p.41
Design » 武田斗環
実物大型紙A

STEP 1. 前身頃と後ろ身頃を縫い合わせる ------------------------------

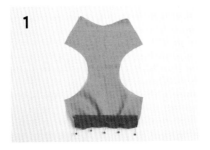

1

裾リブを外表に二つに折り、前身頃の裾と中表に合わせ、均等にまち針でとめます。

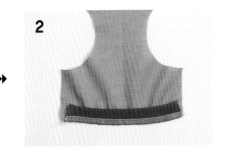

2

ロックミシンでリブを縫い合わせます（縫い代1cm）。

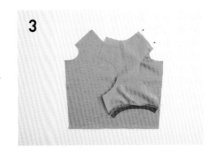

3

前身頃と後ろ身頃の肩を中表に合わせ、まち針でとめます。

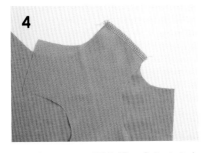

4

ロックミシンで肩を縫い合わせます（縫い代1cm）。

5

反対側の肩も同様に縫い合わせます。

※縫い代は前に倒し、犬の毛の流れに合わせます。

6

前身頃、後ろ身頃の脇を中表に合わせ、まち針でとめます。

7

直線ミシンで縫い合わせます（縫い代1cm）。

8

反対側の脇も同様に縫い合わせます。

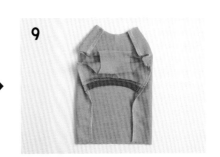

9

脇の縫い代を、端を切り落とさずに裾までロックミシンで始末します。

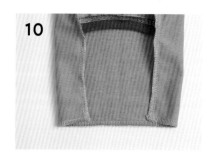

10 裾端を切り落とさずにロックミシンで始末します。

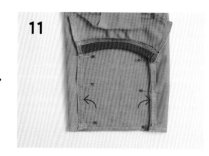

11 後ろ身頃の脇を裏側に1cm折り、まち針でとめます。

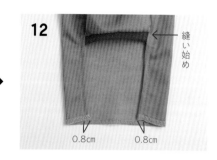

縫い始め

0.8cm　0.8cm

12 表に返し、前裾リブ上端から裾まで端から0.8cmのところを表からステッチします。

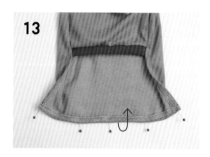

13 後ろ身頃の裾を裏側に1cm折り、まち針でとめます。

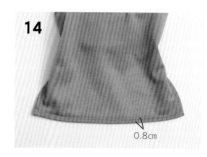

0.8cm

14 裾から0.8cmのところを、表からステッチします。

STEP 2. えりと腕にリブをつける

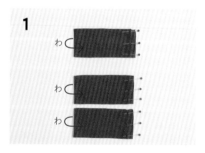

わ
わ
わ

1 えりと腕のリブを中表に二つに折り、まち針でとめます。

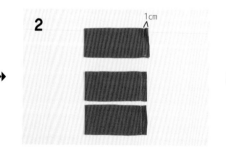

1cm

2 縫い代1cmで縫います。

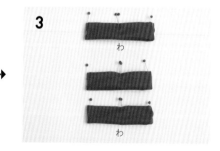

わ

わ

3 2の縫い代を割って外表に二つに折り、4等分のところに、まち針で印をつけます。

4

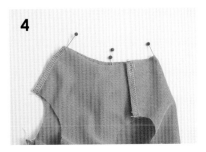

えりぐりにも、まち針で4等分の印を
つけます。

5

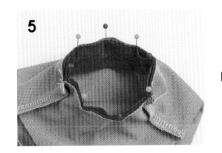

えりリブとえりぐりの4等分の印を
合わせ、まち針でとめます。

6

ロックミシンでえりリブを縫い合わせ
ます（縫い代1cm）。

7

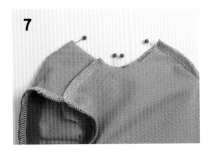

腕まわりに、脇下を起点に4等分の
印をつけます。

8

腕まわりと腕リブの印を合わせてまち
針でとめます。

9

腕リブを縫い代1cmでロックミシンで
縫い合わせます。

FINISH!

BACK
背面

SIDE
側面

VARIATION

ILLUSTRATION×OCHER

STRIPE×BLACK

NAVY×NAVY

配色のバリエーション

ストライプ模様やイラストのプリント生地を
使って楽しいアレンジを。リブのカラーは模
様から色を拾うとバランスよくなります。

A タンクトップ の基本をマスターしたら
次はアレンジに挑戦！

- 中級 -

シャツの前立風デザイン、リブにひもを通す、
身頃にギャザーを寄せるなど、同じ型紙にちょっとしたプラスαをしてみましょう。

[アレンジ 1]

[アレンジ 2]

[アレンジ 3]

- 上級 -

さらにハンドメイドを追求する上級者さんには、
飼い主さんとリンクコーデのポーチをつけたり、フォーマルっぽい燕尾シャツや、
フリルたっぷりのデザインに挑戦してみましょう。

[アレンジ 4]

[アレンジ 5]

[アレンジ 6]

TANK TOP

Intermediate
- 中級 -

基本の形が作れるようになったら、
次は応用にチャレンジしましょう！
プラスナップボタンやコード、
ストレッチリボンなど、飾りを取り入れて、
基本のタンクトップをアップグレード！
一通り作ってみたら、プラスナップボタンの
代わりに飾りボタンを手縫いでつけてみたり、
生地の組み合わせを変えてみたり、
同じ作り方でどんなバリエーションができるか、
考えてみましょう。
デザイン力が鍛えられます！

HOW TO MAKE » p.50

中級　裁ち方図

[前立て風リブタンクトップ]

(HOW TO MAKE　p.49)

■材料

生地A…スムースニット生地
生地B…スパンフライスニット生地
プラスナップボタン13mm
　3S、SS、S、SM、M、L、
　DS、FB-M/2セット
　3L、DL/3セット　5L/4セット
ほつれ止め液

[ネックコードタンク]

(HOW TO MAKE　p.50)

モデル犬/ラブラドール・レトリーバー
(Photo：p.47)

首まわり…44cm	**補正のポイント**
胴まわり…72cm	型紙5Lを胴まわりサイズが
着丈…58cm	75cmになるように
体重…28kg	85%で縮小
型紙…5L	

■材料

生地A…ミニ裏毛ニット生地
生地B…スパンテレコニット生地
ワッペン1枚
ブタ鼻ストッパー1個
コード（直径5mm）
　3S〜M/50cm　L、3L/80cm　5L/100cm
　DS、DL、FB-M/65cm
　好みの長さになるように切ります。
ほつれ止め液

[ギャザーワンピース]

(HOW TO MAKE　p.51)

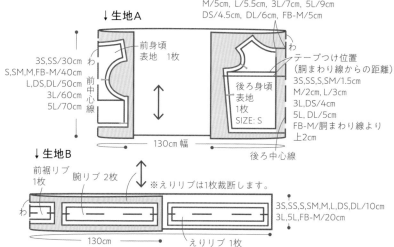

■材料

生地A…スムースニット
生地B…スパンフライス
サテンストレッチテープ（6mm幅）

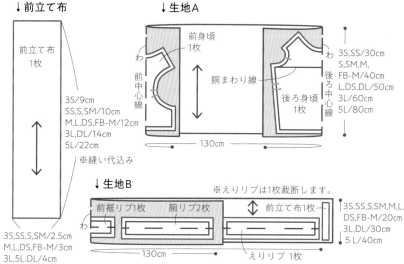

↓前立て布

前立て布
1枚

3S/9cm
SS,S,SM/10cm
M,L,DS,FB-M/12cm
3L/14cm
5L/22cm

↓生地A

前身頃
1枚
わ
前中心線
胴まわり線
わ
後ろ中心線
後ろ身頃
1枚

3S,SS/30cm
S,SM,M,
FB-M/40cm
L,DS,DL/50cm
3L/60cm
5L/80cm

130cm

※縫い代込み

↓生地B

※えりリブは1枚裁断します。

前裾リブ1枚　　腕リブ2枚
わ
前立て布1枚
えりリブ 1枚

3S,SS,S,SM,M,L,
DS,FB-M/20cm
3L,DL/30cm
5 L/40cm

130cm

↓生地A

前身頃
1枚
わ
前中心線
胴まわり線
わ
後ろ中心線
後ろ身頃
1枚

3S,SS/30cm
S,SM,M,
FB-M/40cm
L,DS,DL/50cm
3L/60cm
5L/80cm

130cm

↓生地B

前裾リブ
1枚
腕リブ 2枚
わ
※えりリブは1枚裁断します。

えりリブ 1枚

3S,SS,S,SM,
M,L,DS,DL/10cm
3L,5L,FB-M/20cm

130cm

生地の「わ」から型紙をずらす分量
3S/3cm, SS/3.5cm, S/4cm, SM/4.5cm
M/5cm, L/5.5cm, 3L/7cm, 5L/9cm
DS/4.5cm, DL/6cm, FB-M/5cm

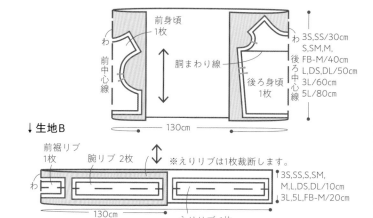

↓生地A

前身頃
表地　1枚
わ
前中心線
わ
後ろ身頃
表地
1枚
SIZE: S

テープつけ位置
（胴まわり線からの距離）
3S,SS,S,SM/1.5cm
M/2cm, L/3cm
3L,DS/4cm
5L, DL/5cm
FB-M/胴まわり線より
上2cm

3S,SS/30cm
S,SM,M,FB-M/40cm
L,DS,DL/50cm
3L/60cm
5L/70cm

130cm幅

後ろ中心線

↓生地B

前裾リブ
1枚
腕リブ 2枚
わ
※えりリブは1枚裁断します。

えりリブ 1枚

3S,SS,S,SM,M,L,DS,DL/10cm
3L,5L,FB-M/20cm

130cm

前立て風リブタンクトップ

Design » 犬服教室のんな
実物大型紙A

BACK　　SIDE

STEP 1. 前立てをつける

1

リブと同じ生地で、前立て布を裁断し、片隅を三角に折ってカットします。

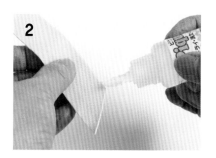

2

周囲3辺（えりぐり以外）にほつれ止め液を塗って乾かします。

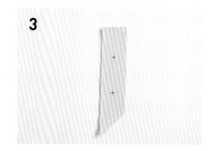

3

ボタン位置は、各サイズの個数を参照して、好みの位置に印つけします。

4

前立て布を後ろ身頃の中心におき、まち針でとめます。

5

えりぐり以外の3辺をコバステッチで縫いつけます。

STEP 2. ボタンをつける

1

ボタン位置に目打ちで穴をあけます。

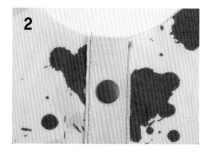

2

プラスナップボタンの表側の部品をはめてつけます。

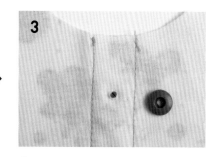

3

裏側の凹の部品もはめ込みます。

4

前立て部分が取りつけられたら基本のタンクトップ同様に完成まで作ります。

A　タンクトップ 中級 ネックコードタンク

Photo » p.47
Design » Cocha★9
実物大型紙A

BACK　　SIDE

STEP 1. コードをつける

1

基本のタンクトップを作り、コード、
ブタ鼻ストッパー、ワッペンを用意し
ます。

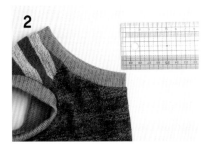

2

後ろ中心から左右0.5cmずつ離れたと
ころに印をつけます。

3

リッパーで表側だけ穴をあけます。

4

裏側に液がつかないように気をつけて、
穴をあけた布にほつれ止め液を塗ります。

5

ほつれ止め液が乾いてから、穴にコー
ドを通します。

6

ブタ鼻ストッパーを通し、コードの先
を結びます。

STEP 2. ワッペンをつける

1

アイロン接着のワッペンを接着します。

※オーブンシートなどであて布をします。

VARIATION

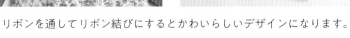

リボンを通してリボン結びにするとかわいらしいデザインになります。

A　タンクトップ 中級 ギャザーワンピース

Design » わんこ服melody★house
実物大型紙D

BACK　　**SIDE**

STEP 1. 後ろ身頃を裁つ

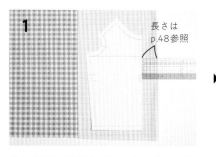

1

長さは
p.48参照

後ろ身頃の型紙を「わ」から離して配置し、印をつけて裁断します。

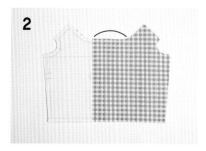

2

後ろ身頃は、広げた状態で、基本の幅より広くなります。

STEP 2. ストレッチテープをつける

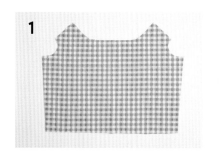

1

ストレッチテープのつけ位置に線を引いておきます。（つけ位置はp.48参照）

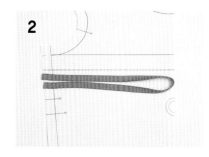

2

ストレッチテープは型紙（テープつけ位置の幅、縫い代込み）の2倍の長さにカットします。

3

ギャザーが均等に寄るようにまち針でストレッチテープをとめます。

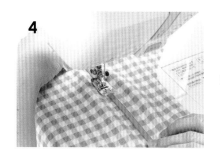

4

ストレッチテープを引っ張りながら均等に縫いつけます。

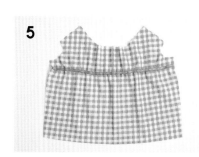

5

ストレッチテープが縫えたら基本のタンクトップと同様に完成まで作ります。

TANK TOP

- 上級 -

上級では追加で型紙が増えます。
パーツが増えるので型紙の写し方、
生地の取り方などに工夫が必要です。
まずはそれぞれのパーツの作り方を習得しましょう。
バッグの位置やリボンの位置など、
好みの位置に縫いつけるときは、
後ろ身頃だけを見るのではなく、服のでき上がりの
全体をイメージして取りつけ箇所を決めます。
イメージするのが難しい場合は、
基本のタンクトップをワンちゃんやトルソーに着せ、
実際にパーツを背中にあててみると、
位置を決めやすくなります。

HOW TO MAKE » p.54

A タンクトップ　上級　裁ち方図

[ボディバッグのタンクトップ]

（Photo p.8・52　HOW TO MAKE p.54）

モデル犬/コーギー
（Photo：p.8・52）

首まわり…37cm
胴まわり…59cm
着丈…43cm
体重…13kg
型紙…DL

補正のポイント
首まわりと
着丈を補正

■材料

生地A…天竺ニット生地
生地B…ナイロン生地
生地C…オックス生地
スナップボタン13mm白×1組

杉綾テープ（2mm厚）…
3S（2.5cm幅）/20cm×2本
SS、S（30cm幅）/12cm×2本、
SM、M、L、DS、
DL、FB-M（3cm幅）/20cm×2本
3L（3cm幅）/30cm×2本
5L（5cm幅）/40cm×2本

↓生地A　※えりリブは1枚裁断します。

前身頃1枚
えりリブ1枚
胴まわり線
腕リブ2枚
前裾リブ1枚
130cm幅
わ
前中心線
前まわり線
わ
胴まわり線
後ろ身頃1枚
後ろ中心線

3S,SS/30cm
S,SM,M、
FB-M/40cm
L,DS,DL/50cm
3L/60cm
5L/100cm

↓生地B　※縫い代込み
フラップ
表地1枚
3S/11cm
SS,S,SM,M,L,3L,
DS,DL,FB-M/15cm
5L/19cm
3S/10cm
SS,S,SM,M,
FB-M/14cm
L,DS,DL,3L/18cm
5L/22cm

生地C↓　※縫い代込み
3S,SS,S,SM,M,FB-M/6cm
L,DS,DL,3L/8cm
5L/12cm
3S/10cm
SS,S,SM,M,FB-M/14cm
L,DS,DL,3L/18cm
5L/22cm
バッグ
表・裏
各1枚
3S,SS,S,SM,M,FB-M/8cm
L,DS,DL,3L/10cm
5L/14cm
3S,SS,S,SM,M,L,3L,
DS,DL,FB-M/30cm
5L/40cm

[燕尾シャツ]

（Photo p.12　HOW TO MAKE　p.56）

モデル犬/トイ・プードル
（Photo：p.12）

シルバー
首まわり…22cm
胴まわり…35cm
着丈…32cm
体重…3kg
型紙…S

■材料

生地A…段ボールニット生地
生地B…ストライプコットン生地
ほつれ止め液

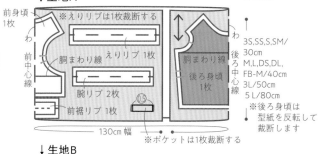

↓生地A
前身頃
1枚
※えりリブは1枚裁断する
えりリブ 1枚
胴まわり線 えりリブ 1枚
腕リブ 2枚
前裾リブ 1枚
わ
前中心線
わ
胴まわり線
後ろ身頃
1枚
後ろ中心線
130cm幅
※ポケットは1枚裁断する

3S,SS,S,SM/
30cm
M,L,DS,DL,
FB-M/40cm
3L/50cm
5L/80cm
※後ろ身頃は
型紙を反転して
裁断します

↓生地B
燕尾シャツ
2枚
ポケットチーフ 1枚
110cm幅
3S,SS,S,SM/6cm
M,L,DS,DL,FB-M/8cm
3L,5L/11cm
3S,SS,S,SM/
10cm
M,L,DS,DL,
FB-M/20cm
3L/30cm
5L/40cm
※縫い代込み 3S,SS,S,SM/6cm
M,L,DS,DL,FB-M/8cm
3L,5L/11cm

[2段フリルワンピース]

（Photo p.12　HOW TO MAKE　p.58）

モデル犬/トイ・プードル
（Photo：p.12）

アプリコット
首まわり…25cm
胴まわり…39cm
着丈…33cm
体重…4kg
型紙…S

■材料

生地A…段ボールニット生地
生地B…シーチング生地（薄手）
片面接着キルト芯（薄手）
ほつれ止め液

↓生地A
※えりリブは1枚裁断する
後ろ身頃 1枚
前身頃 えりリブ
1枚 1枚
前裾リブ1枚 腕リブ2枚
わ
前中心線
わ
後ろ中心線
胴まわり線
130cm幅
※後ろ身頃は型紙を反転して裁断します
※後ろ身頃裾の合印は表の右身だけにつけます

3S,SS,S,SM/
30cm
M,L,DS,DL,
FB-M/40cm
3L/50cm
5L/80cm

↓生地B
リボン布 1枚
フリル左上
1枚
右上 フリル
1枚 右上
1枚
リボン帯
1枚
フリル左下
1枚
フリル右下
1枚
わ
わ
110cm幅

3S/20cm
SS/30cm
S,SM,M、
FB-M/40cm
L,DS/50cm
DL/60cm
3L/80cm
5L/140cm

↓リボン布
リボン布
1枚
3S,SS,S,SM/12cm
M,L,DS,DL,FB-M/14cm
3L、5L/20cm
3S,SS,S,SM/9cm
M,L,DS,DL,FB-M/10.5cm
3L、5L/14cm
※リボン布とリボン帯は
1枚裁断する

↓リボン帯
リボン帯 1枚
3S,SS,S,SM/4.5cm
M,L,DS,DL,FB-M/5cm
3L、5L/6cm
3S,SS,S,SM/2cm
M,L,DS,DL,FB-M/2.5cm
3L、5L/3cm

↓片面接着キルト芯
片面接着
キルト芯
1枚
3S,SS,S,SM/5cm
M,L,DS,DL,FB-M/6cm
3L、5L/9cm
3S,SS,S,SM/7cm
M,L,DS,DL,FB-M/8.5cm
3L、5L/12cm
※縫い代込み

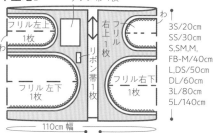

ボディバッグのタンクトップ

Photo » p.8・52
Design » 清水英恵
実物大型紙A

BACK　　**SIDE**

STEP 1. バッグを作る -

1

バッグ本体裏布とフラップの布を用意します。

2

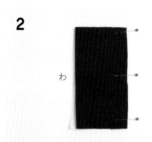

フラップを外表に二つに折ります。フラップをバック本体裏布の表面の上に重ね、端をそろえてまち針でとめます。

3

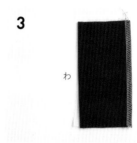

ロックミシンで縫い合わせます（縫い代1cm）。

4

3を開いて縫い合わせの上にベルト（杉綾テープ）中央がくるように中表に合わせ、上端をそろえて重ねます。

5

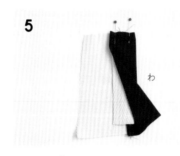

ベルトを挟み込むように、フラップの上端を折り、まち針でとめます。

6

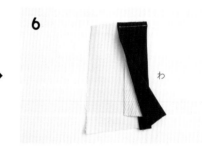

直線ミシンでベルトとフラップを縫い合わせます（縫い代1cm）。

7

もう一方に、もう1本のベルトを挟み込むように重ね、フラップをかぶせてまち針でとめます。

8

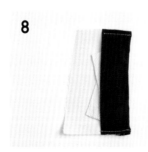

直線ミシンでベルトとフラップを縫い合わせます（縫い代1cm）。

9

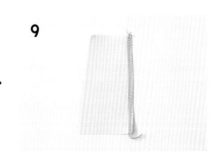

バッグ本体表布の口部分の端をロックミシンで始末します。

10

0.8cm

裏に1cm折って端から0.8cmを縫います。

11

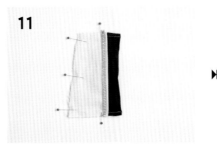

10のバッグ本体表布と**8**を中表で重ね、まち針でとめます。

12

写真のように上下と左を、ロックミシンで縫い合わせます（縫い代1cm）。

STEP 2. 後ろ身頃にバッグをつける

13

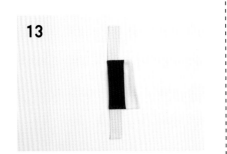

表に返し形を整えます。

1

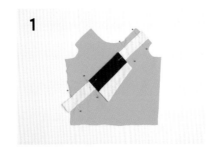

バランスを見ながら後ろ身頃にバッグを配置し、まち針でとめます。

2

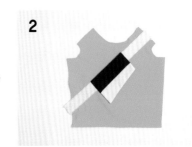

ベルトをコバステッチで縫いつけます。余分なベルトを切り落とします。

3

バッグの口を開け、バック背面と後ろ身頃を5cmほど縫いとめます。

4

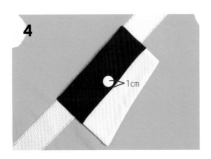

1cm

フラップ口から1cm幅、左右中央に印をつけ、プラスナップボタンをつけます。

5

基本のタンクトップと同様に作ります。完成。

BACK　　**SIDE**

A　タンクトップ　上級　燕尾シャツ

Photo » p.12
Design » Salon Pincoroばぁばのおもちゃ箱
実物大型紙A・D

STEP 1. ポケットチーフを作る

1
チーフ用の布のまわりにほつれ止め液を塗ります。

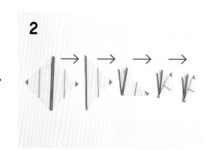

2
スリーピークス型に折りたたみ、ポケットチーフを作ります。

3
真ん中より少し下を縫いとめます。

4
根元をカットします。

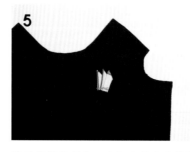

5
後ろ身頃のポケットにおさまる位置（型紙参照）にチーフを縫いつけます。

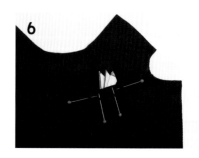

6
ポケット両端の縫い代を裏に折り、チーフが見えるような位置にまち針でとめます。

STEP 2. 燕尾シャツを作る

7
ポケットをコの字に縫いつけます。

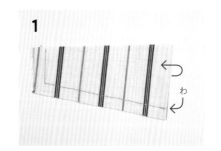

1
燕尾部分を中表に二つに折り、脇と裾をL字に縫います（縫い代1cm）。

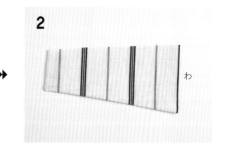

2
表に返します。角を出し、形を整え、もう一枚も同様に作ります。

3

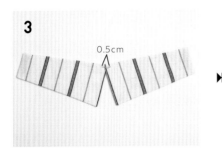

0.5cm

「わ」の部分の上端を0.5cm重ねてミシンで仮止めします。

4

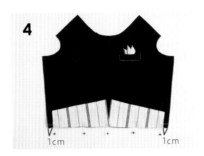

1cm　　　1cm

3を後ろ身頃の裾と中表に合わせます。このときに両脇から1cm控えます。

5

縫い代1cmで縫い合わせます（縫い代1cm）。

6

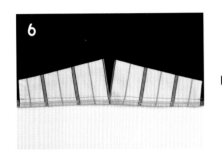

縫い代を切り落とさずにロックミシンで始末します。

7

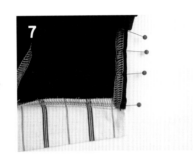

基本のタンクトップの**STEP 1 - 8**まで同様に作ります。脇の縫い代を、切り落とさずにロックミシンで始末し、裏側に1cm折ります。

8

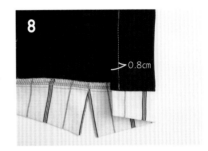

0.8cm

前裾リブ上端から裾まで端から0.8cmのところをステッチします。基本のタンクトップと同様に完成まで作ります。

BACK　SIDE

A　タンクトップ 上級　2段フリルワンピース

Photo » p.12
Design » MamiMamiまひろん
実物大型紙A・D

STEP 1. 裾にフリルをつける -

1

フリル布を外表に二つに折り、まち針
でとめます。

2

それぞれ、カーブ側にギャザー寄せの
粗ミシンを端から0.5cm、0.7cmのとこ
ろに2本かけます。

3

それぞれ、合印位置（型紙参照）の長
さに合わせてギャザーを寄せます。

※指定の長さのギャザーになったら糸は結んで
切ります。

4
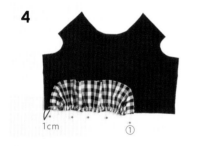

脇から1cmあけ、左上フリルを中表に
合わせ①の合印までまち針でとめます。
（位置は型紙参照）

5

その上に右上フリルを中表に重ね、合
印②に合わせてまち針でとめます。こ
のとき、右脇からも1cmあけます。

6
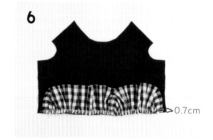

縫い代0.7cmのところを直線縫いで仮
縫いします。

7
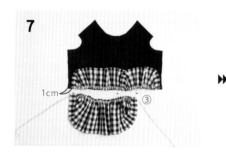

6の上に**4**と同様に左下フリルを中
表に重ね、③の合印に合わせてまち針
でとめます。

8

その上に右下フリルを中表に重ね、合
印④に合わせまち針でとめます。

9
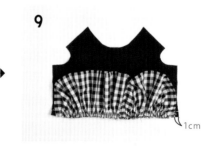

縫い代1cmで縫い合わせます。

10

縫い代の端を切り落とさずにロックミシンで始末します。

11

縫い代を身頃側に倒して、まち針でとめます。

12

0.5cm

縫い代を押さえるように、縫い線から0.5cmのところを表からステッチします。基本のタンクトップと同様に作ります。

STEP 2. リボンを作ってつける ----------------

1

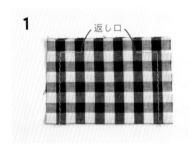

返し口

リボン布を中表に二つに折り、返し口を残して両端をL字に縫います。

2

縫い糸を切らないように、角をカットします。

3

薄手の片面接着キルト芯をアイロンで貼りつけます。

4

表に返し、返し口は手縫いでとじます。

5

リボンの真ん中を粗くぐし縫いします。

6

糸を引っ張りながら巻きつけ、1針縫ってから玉どめします。

7

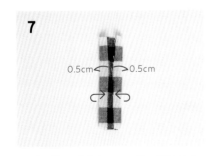

0.5cm ← → 0.5cm

リボン帯の両端を0.5cmずつ折ります。

8

リボンの真ん中に巻き、裏側で先を1cm折りたたんで手縫いでとめます。

9

リボンは好みの位置に縫いつけます。完成。

T-SHIRT

Basic
- 基本 -

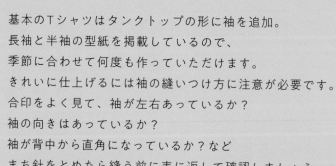

基本のTシャツはタンクトップの形に袖を追加。
長袖と半袖の型紙を掲載しているので、
季節に合わせて何度も作っていただけます。
きれいに仕上げるには袖の縫いつけ方に注意が必要です。
合印をよく見て、袖が左右あっているか？
袖の向きはあっているか？
袖が背中から直角になっているか？など
まち針をとめたら縫う前に表に返して確認しましょう

HOW TO MAKE » p.62

B　Tシャツ　基本

■材料

生地A…ワッフルニット生地

■下準備

1. 型紙を写し、裁ち方図を参考に縫い代（赤線：指定以外1cm）をつけます。
2. 必要用尺を計算し、生地を購入します。
3. 型紙を配置し、ゆっくり生地を裁断します。

■裁ち方図　基本

モデル犬/柴犬
（Photo：p.60）

首まわり…43cm
胴まわり…59cm
着丈…39cm
体重…11.5kg
型紙…2L

補正のポイント
・首まわり（リブの長さ）を40cmに、
・着丈を39cmに、胴まわりを62cmに補正

↓生地A

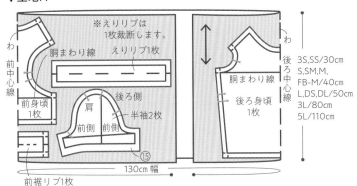

※えりリブは
1枚裁断します。
えりリブ1枚

胴まわり線
前身頃1枚
前中心線
わ
肩
後ろ側
前側　前側
半袖2枚
⑮
前裾リブ1枚
130cm 幅

胴まわり線
後ろ身頃1枚
後ろ中心線
わ

3S,SS/30cm
S,SM,M,
FB-M/40cm
L,DS,DL/50cm
3L/80cm
5L/110cm

■サイズ表

(cm)

サイズ	首まわり（えりリブの長さ）A	胴まわりB	着丈（えりリブ込み）C	※欄外のわんこ服着丈（えりリブ込み）	目安体重（kg）
3S	16.5	31	17.5	19.5	1.5 ～ 2
SS	19	35.5	21	23	～ 3
S	21	40	22.5	24.5	～ 4
SM	22	43.5	25	27	～ 5
M	23	47	27	29	～ 6
L	32.5	54	32.5	34.5	～ 8
3L	36.5	68	42	44	12 ～ 16
5L	42.5	88	63	65	26 ～ 35
DS	23	43	32.5	34.5	3 ～ 4.5
DL	30	55	37.5	39.5	7 ～ 10
FB－M	34	52	27.5	29	8 ～ 13

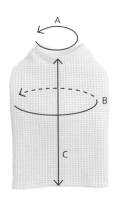

A

B

C

※p.77「トレンチコート」は、デザインの都合で着丈を基本の形より2cm伸ばしています。

基本のTシャツ

Photo » p.60
Design » 武田斗環
実物大型紙A

STEP 1. 前身頃と後ろ身頃を縫い合わせる -

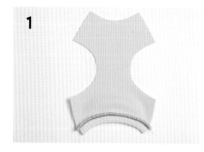

1

前裾リブを外表に二つに折り、前身頃の裾にロックミシンで縫い合わせます（縫い代1cm）。（基本のタンクトップ参照）

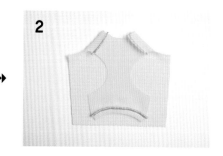

2

前身頃と後ろ身頃の肩を中表に合わせ、ロックミシンで縫い合わせます（縫い代1cm）。縫い代は前に倒します。反対の肩も同様に縫い合わせます。

3

前身頃と後ろ身頃の脇を中表に合わせ、直線ミシンで縫い合わせます（縫い代1cm）。反対の脇も同様に縫い合わせます。

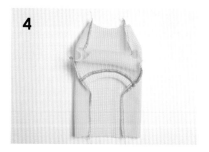

4

脇の縫い代を、端を切り落とさずに、裾までロックミシンで始末します。

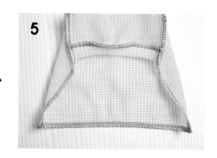

5

裾端を切り落とさずにロックミシンで始末します。

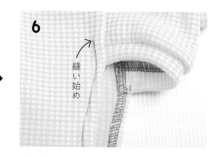

6

後ろ身頃の脇を裏側に1cm折り、端から0.8cmのところをステッチします。

●**POINT**　脇のステッチは、前身頃のリブの縫い代を押さえる位置から縫い始めます。

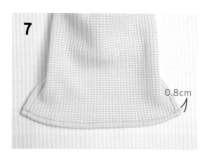

7

裾を裏側に1cm折り、端から0.8cmのところをステッチします。

STEP 2. 袖を作る

1

袖の端を切り落とさずにロックミシンで始末します。

2

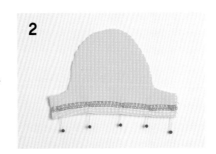

袖口を裏側に1.5cm折り、まち針でとめます。

3

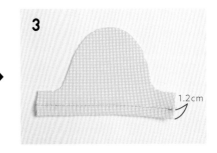

1.2cm

袖口の端から1.2cmほどのところをステッチします。

4

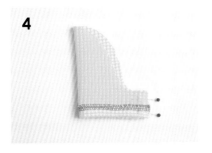

袖下を中表に合わせてまち針でとめます。

5

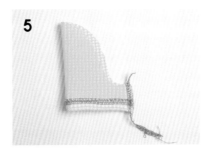

袖下をロックミシンで縫い合わせます（縫い代1cm）。もう一方の袖も同様に作ります。

●POINT ロックミシンで縫ったときの空環（からかん）は、とじ針に通して縫い代の中へ入れ込みます。

STEP 3. 袖をつける

1

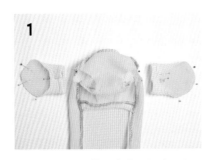

袖を表に返し、袖の左右を間違えないように確認します。

2

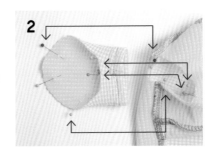

写真は左側。まち針のところに合印があります。赤：肩、緑：脇下、青：後ろ側合印・前側合印をそれぞれ合わせます。

3

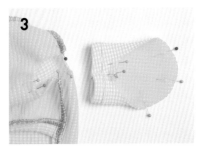

写真は右側。左側と同様にします。

4

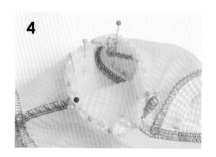

袖と身頃を中表にして合印を合わせて
まち針でとめます。

5

ロックミシンで縫い合わせます（縫い
代1cm）。

6

両袖とも縫い合わせます。

STEP 4. えりリブをつける

えりリブをロックミシンで縫いつけま
す。基本のタンクトップと同様に完成
まで作ります。

FINISH!

BACK
背面

SIDE
側面

VARIATION

ILLUSTRATION × PINK

BORDER × BLACK

PATCHWORK × OFF-WHITE

配色のバリエーション

おどけたイラストのプリント生地を生かすの
も楽しいですね。ボーダーはどんなデザイン
にも合いそうです。

B Tシャツ の基本をマスターしたら
次はアレンジに挑戦！

- 中級 -

基本の型紙をそのまま利用し、アイロンプリントなどで個性を出します。
飼い主さんとリンクコーデのレースえりもかわいい。
プレイマットと同じ生地を使ったデザインもいいですね。

［アレンジ1］

［アレンジ2］

［アレンジ3］

- 上級 -

さらに上級アレンジにチャレンジしたい方は、えりやセーラーカラーなどに挑戦してみましょう。
後ろ身頃にスリットを入れるコートもおすすめです。

［アレンジ4］

［アレンジ5］

［アレンジ6］

T-SHIRT

Intermediate
- 中級 -

中級ではタンクトップ同様、更にデザインの
幅が広がるアレンジに挑戦しましょう！
ここでのアレンジは、もちろんタンクトップでも
使えるアイデアばかり。好みのワッペン、
レースやフリンジなどを、ぜひ活用して！

HOW TO MAKE » p.69

［ アイロンプリントTシャツ ］

（HOW TO MAKE　p.68）

■材料

生地A
スムースニット生地（ベージュ）
生地B
スムースニット生地（紺）
生地C
デニムニット生地
アイロン接着ワッペン1個
アイロンプリントシート1枚

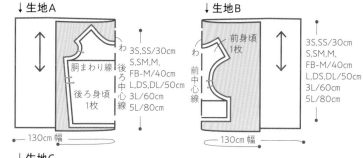

↓生地A

胴まわり線
後ろ身頃 1枚
後ろ中心線

3S,SS/30cm
S,SM,M,
FB-M/40cm
L,DS,DL/50cm
3L/60cm
5L/80cm

↓生地B

前身頃 1枚
前中心線

3S,SS/30cm
S,SM,M,
FB-M/40cm
L,DS,DL/50cm
3L/60cm
5L/80cm

130cm幅　　130cm幅

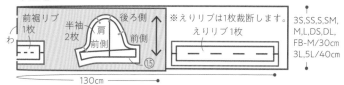

↓生地C

前裾リブ 1枚
半袖 2枚
肩 前側 前側
後ろ側
⑮

※えりリブは1枚裁断します。
えりリブ 1枚

3S,SS,S,SM,
M,L,DS,DL,
FB-M/30cm
3L,5L/40cm

130cm

［ レースえりのTシャツ ］

（Photo p.9・66　HOW TO MAKE　p.69）

モデル犬/チワワ
（Photo：p.9・66）

首まわり…21cm
胴まわり…34cm
着丈…27cm
体重…2.7kg
型紙…SS

■材料

生地A…天竺ニット生地
生地B…スパンフライス生地

レース（縫い代込み）
【5cm幅】 3 S/21.5cm　SS/25cm　S/27cm
　　　　　SM/28.5cm　M/29.5cm　L/40.5cm
　　　　　DS/29.5cm　DL/38cm　FB-M/42.5cm
【8cm幅】 3 L/45cm　5 L/52.5cm

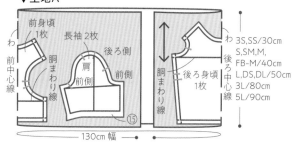

↓生地A

前身頃 1枚
長袖 2枚
前中心線
胴まわり線
肩 前側 前側
後ろ側
⑮

後ろ側
胴まわり線
後ろ身頃 1枚
後ろ中心線

3S,SS/30cm
S,SM,M,
FB-M/40cm
L,DS,DL/50cm
3L/80cm
5L/90cm

130cm幅

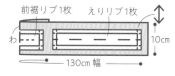

↓生地B

前裾リブ 1枚　えりリブ 1枚

10cm

130cm幅

［ パネルTシャツ ］

（Photo p.11　HOW TO MAKE　p.70）

モデル犬/ミニチュア・ダックスフンド
（Photo：p.11）

首まわり…24cm
胴まわり…39cm
着丈…36cm
体重…4.3kg
型紙…DSを95%で

■材料

生地A…天竺ニット生地
生地B…スパンフライス生地
生地C…ストライプ生地
ほつれ止め液

フリンジテープ（好みのもの）
3S/28cm　SS/31cm　S/34cm
SM/35cm　M/38cm
L/43cm　3L/50cm
5L/62cm　DS/40cm
DL/46cm　FB-M/44cm
余分な長さは切り落とします

※色の部分を抜き出し、パネルとして使います。

↓生地A

前身頃1枚
胴まわり線
後ろ側
半袖 2枚
肩 前側 前側
後ろ側
⑮

胴まわり線
後ろ身頃 1枚
後ろ中心線

3S,SS/30cm
S,SM,M,
FB-M/40cm
L,DS,DL/50cm
3L/80cm
5L/90cm

130cm幅

↓生地B

前裾リブ 1枚　えりリブ 1枚

10cm

130cm幅

↓生地C

パネル1枚

3S/10cm
SS,S,SM,
M,L,3L,DS,
DL,FB-M/20cm
5L/30cm

3S/20cm
SS,S,SM,M,L,3L,
DS,DL,FB-M/40cm
5L/60cm

BACK　　**SIDE**

B Tシャツ 中級 アイロンプリントTシャツ

Design » うちの子服 ヴァルト
実物大型紙A

STEP 1. アイロンプリントシート --

1

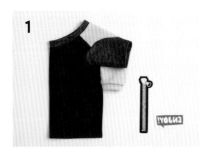

基本のTシャツを作ります。アイロン接着ワッペンとアイロンプリントシートを用意します。

2

前身頃にアイロンプリントシートを置き、模様を転写します。
●POINT 身頃に厚紙を入れるとしわにならずに圧着できます。使用するアイロンプリントシートの注意事項にそってプリントします。

3

転写できました。

STEP 2. アイロン接着ワッペン ------------------------------

1

後ろ身頃にアイロン接着ワッペンを置き、シリコンペーパーをのせてアイロンを当てます。

※お使いのアイロン接着ワッペンの手順にしたがってください。

2

ワッペンがつきました。完成。

レースえりのTシャツ

Photo » p.9・66
Design » un.deux.dogwear
実物大型紙A

BACK **SIDE**

STEP 1. えりとリブとレースを作る --

1

えりリブとレースを用意します。

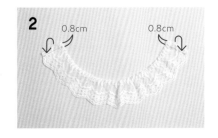

2 0.8cm　0.8cm

レースの両端を1cm裏に折り、端から0.8cmのところを縫います。

3

レースをえりの形に整え、両端を少し重ねてまち針でとめます。

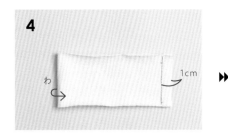

4 わ　1cm

えりリブを中表に二つに折り、輪になるように縫います（縫い代1cm）。

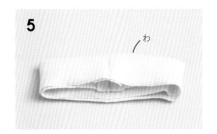

5 わ

えりリブは縫い代を割って、外表に二つに折ります。

6

基本のTシャツの要領で**STEP 3**まで縫い進めます。

STEP 2. えりぐりにレースとリブをつける --------------------------------------

1

身頃の表のえりぐりにレースの表を上にして重ね、後ろ中心をまち針で仮止めします。

2

身頃を裏返して、レースの上にえりリブを中表に重ね、均等になるように、えりぐりにまち針でとめます。

3

ロックミシンで縫い合わせます（縫い代1cm）。

4

完成。

BACK **SIDE**

B Tシャツ 中級 # パネルTシャツ

Photo » p.11
Design » Honey dog
実物大型紙A

STEP 1. パネルをつける

1 パネルの布端にほつれ止め液を塗ります。

2 後ろ身頃の表にパネルの表を上にして重ねまち針でとめます。(位置は型紙参照)

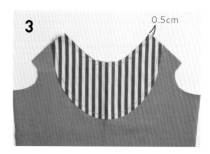

3 0.5cm 縫い代0.5cmで肩以外を縫いとめます。

STEP 2. フリンジをつける

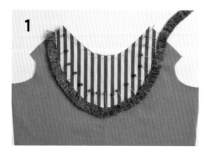

1 STEP 1-3の縫い目を隠すようにフリンジをのせてまち針でとめます。

2 フリンジが滑らかなカーブになるように直線ミシンで縫いつけます。肩からはみ出した余分なフリンジを切ります。

3 基本のTシャツと同様に仕立てます。完成。

T-SHIRT

Advanced
- 上級 -

型紙を追加して、ラガーシャツ、セーラー、コートなど
全く違うデザインにアレンジしてみましょう！
デザインを追加すると難易度もアップしますが、縫い代1cmで縫う、
アイロンでしっかりと折り目をつける、ミシンをかけるときに
手で生地を引っ張らない、など基本に立ち返って確認しながら
縫うことで、あと一歩の上達を目指せます。

HOW TO MAKE » p.77

［ラガーTシャツ］

(HOW TO MAKE　p.73)

■材料

生地A
　…天竺ニット

生地B
　…スパンフライス

↓生地A

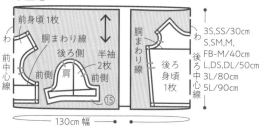

前身頃1枚
わ
前中心線
胴まわり線
後ろ側
前側
肩
前側
半袖2枚
⑮
後ろ身頃1枚
胴まわり線
わ
後ろ中心線

3S,SS/30cm
S,SM,M,
FB-M/40cm
L,DS,DL/50cm
3L/80cm
5L/90cm

← 130cm 幅 →

↓生地B

3S/10.5cm SS/12.5cm
S/13.5cm SM/14.3cm
M/14.5cm L/20cm
3L/22.5cm 5L/26cm
DS/14.5cm DL19cm
FB-M/21cm

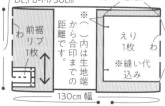

3S,SS,S,DS/20cm
SM,M,L,3L,5L,
DL,FB-M/30cm

前裾リブ1枚
わ

※（ ）内は生地端から合印までの距離です。

えり1枚
わ
※縫い込み

3S,SS,S,DS/
14cm(2.5)
SM,M,L,DL,
FB-M/18cm(3)
3L/22cm(3.5)
5L/26cm(4)

← 130cm 幅 →

［セーラーカラーTシャツ］

(HOW TO MAKE　p.75)

↓生地A

前身頃1枚
わ
前中心線
胴まわり線
後ろ側
前側
肩
前側
半袖2枚
⑮
後ろ身頃1枚
胴まわり線
わ
後ろ中心線

3S,SS/30cm
S,SM,M,
FB-M/40cm
L,DS,DL/50cm
3L/80cm
5L/90cm

← 130cm 幅 →

↓生地B

※5mm幅のブレードは中央に1本ステッチ、10mm幅のブレードは2本ステッチ

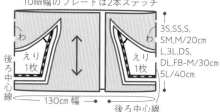

わ
えり1枚
わ
えり1枚
後ろ中心線
後ろ中心線

3S,SS,S,
SM,M/20cm
L,3L,DS,
DL,FB-M/30cm
5L/40cm

← 130cm 幅 →

↓生地C

わ
前裾リブ1枚

10cm

← 130cm 幅 →

■材料

生地A…スムースニット生地
生地B…天竺ニット生地
生地C…スパンフライスニット生地
アイロンプリントシート
ブレード
　3S、SS、S、SM、M/5mm幅
　L、3L、5L、DS、DL、FB-M/10mm幅
仮止め用布用のり

ブレード長さ

3S/32cm　　SS/38cm　　S/44cm
SM/46cm　　M/50cm　　L/60cm
3L/72cm　　5L/90cm　　DS/52cm
DL/68cm　　FB-M/60cm

余分な長さは切ります

［トレンチコート］

(Photo p.14・71　HOW TO MAKE　p.77)

モデル犬/ジャック・ラッセル・テリア
(Photo：p.14・71)

首まわり…32cm
胴まわり…46cm
着丈…30cm
体重…7.8kg
型紙…L

■材料

生地A…ポリエステルニット生地
革調バックル
　3S、SS、FB-M/内径30mm
　S、SM、M、L、DS、DM/内径40mm
　3L、5L/内径50mm

(cm)

	ベルト長(A)	幅(B)			ベルト長(A)	幅(B)
3S	21	8		3L	43	12
SS	24	8		5L	55	12
S	27	10		DS	29	10
SM	29.5	10		DL	36.5	10
M	32	10		FB-M	39.5	8
L	34	10				

※縫い代込み

↓生地A

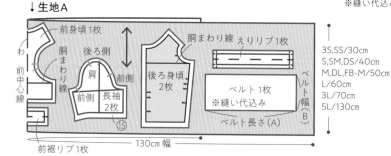

前身頃1枚
わ
前中心線
胴まわり線
後ろ側
肩
前側
前側
長袖2枚
⑮
胴まわり線
えりリブ1枚
後ろ身頃2枚
ベルト1枚
※縫い代込み
ベルト幅(B)
ベルト長さ(A)
前裾リブ1枚

3S,SS/30cm
S,SM,DS/40cm
M,DL,FB-M/50cm
L/60cm
3L/70cm
5L/130cm

← 130cm 幅 →

B Tシャツ 上級 # ラガーTシャツ

Design » 新美紀子
実物大型紙A

BACK　　SIDE　　FRONT

STEP 1. えりを作る

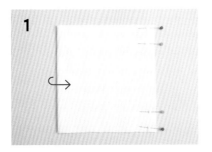

1

えりの生地を中表に二つに折ります。

2

1cm

布端から合印まで縫います（縫い代1cm）。

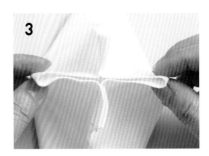

3

縫っていないところの真ん中部分をつまみ、開きます。

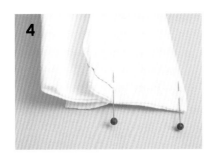

4

開いた一方をまち針でとめます。

5

ここからここまで

4の部分を縫い代1cmで縫います。

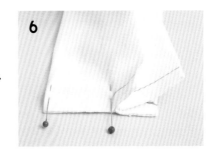

6

3のもう一方をまち針でとめます。

7

ここからここまで

6の合わせた部分を縫い代1cmで縫います。

8

7で縫った縫い代の中央に、縫い目から0.2cm手前まで切り込みを入れます。

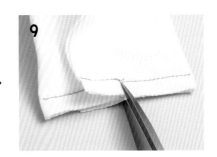

9

5で縫った縫い代にも、同様に切り込みを入れます。

10 縫った糸を切らないように、角を切り
落とします。

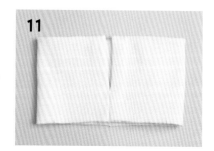

11 表に返し形を整えます。

STEP 2. えりを身頃につける --

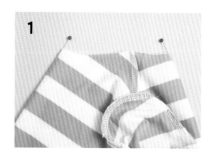

1 基本のTシャツの**STEP 3**まで作り、
前中心と後ろ中心にまち針で印をつけ
ます。

2 えりにも前中心と後ろ中心の印をつけ、
身頃と合わせます。

3 中表に合わせてまち針でとめます。

4 ロックミシンで縫い合わせます（縫い代
1cm）。

5 表に返して縫い代を身頃側に倒し、
まち針でとめます。

6 縫い代を押さえるように、縫い線から
0.5cmのところを表からステッチしま
す。完成。

B Tシャツ 上級 セーラーカラーTシャツ

Design » 犬服教室 Petite Kanon
実物大型紙A・C

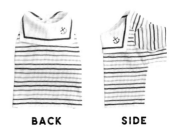

BACK　　**SIDE**

STEP 1. セーラーカラーを作る -

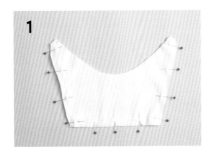

えりを中表に合わせ、まち針でとめます。

えりぐり以外を、縫います（縫い代1cm）。

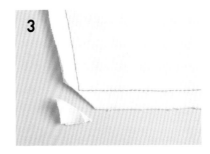

角を切り落とします。

表に返してアイロンで形を整えます。

STEP 2. セーラーカラーに飾りをつける - - - - - - - - - - -

えりぐり以外の周囲にコバステッチをし、ブレードをつける位置に印をつけます。（型紙参照）

ブレードを布用のりで仮止めします。

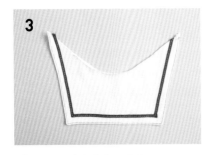

ブレードの中心を縫います。

※5mm幅のブレードは中央を1本、10mm幅のブレードは両端をステッチします。余ったブレードは切り落とします。

アイロンプリントシートをお好みの位置に貼りつけます。

※お使いのアイロンシートの手順にしたがってください。

1

えりの前中心の端を重ねて、首まわりができ上がり線の長さになるように0.5cmのところを仮止めします。

2

基本のTシャツを**STEP 3**まで作り、表にえりを重ね、前中心と後ろ中心を合わせてまち針でとめます。

3

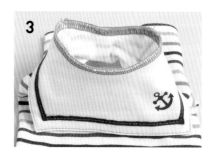

ロックミシンでえりぐりを縫い合わせます（縫い代1cm）。

※縫うときはえりを中にして縫います。(p.74参照)

4

縫い代を身頃側に倒してまち針でとめます。

5

縫い代を押さえるように、縫い線から0.5cmのところを表からステッチします。

6

完成。

BACK **SIDE**

トレンチコート

Photo » p.14・71
Design » うちの子服🐾ヴァルト
実物大型紙A・D

STEP 1. 後ろ身頃のスリットを作る ------------------------

1

後ろ身頃2枚を用意します。

2

背中心を、端を切り落とさずにロックミシンで始末します。

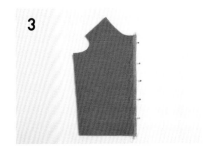

3

後ろ身頃を中表に合わせ、まち針でとめます。

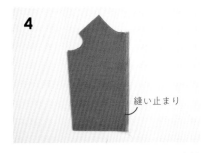

4

縫い止まり

えりぐりから縫い止まり位置まで直線ミシンで縫います（縫い代1cm）。

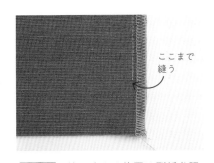

ここまで縫う

● POINT 縫い止まり位置は型紙参照。

5

縫い代を割ってまち針でとめます。

6

0.8cm 0.8cm

縫い代を押さえるように、縫い線から0.8cmのところを表から2本ステッチします。

STEP 2. ベルトを仮止め ------------------------

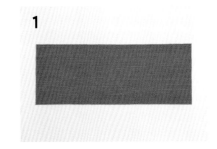

1

ベルト布を用意します。

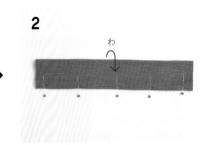

2

わ

中表に二つに折り、まち針でとめます。

77

3

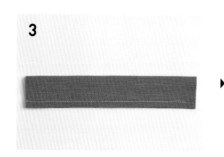

縫います（縫い代1cm）。

4

ZOOM!

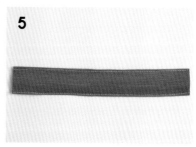

縫い代を割って表に返し、縫い目が真ん中になるようにたたみます。

5

両端をコバステッチします。

6

後ろ身頃にバックルの縫いつけ位置の印をつけます。（つけ位置は型紙参照）

7

バックルを手縫いで縫いとめます。

8

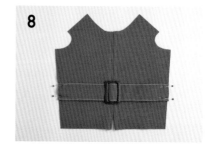

バックルにベルトを通し、脇の合印に合わせてまち針でとめます。

9

ZOOM!

0.5cm

端から0.5cmのところを仮縫いします。基本のTシャツと同様に完成まで作ります。

RAGLAN

Basic
- 基本 -

ラグラン袖にチャレンジ！
半袖と長袖の型紙があるので、
季節に合わせて袖を選んでいただけます。
裏毛ニットでトレーナーっぽく、
フリースでアウトドア風になど、
同じ型紙でも雰囲気の違うデザインを楽しめます。
左右の袖を間違えないように、
合印の位置をしっかり確認しましょう！

HOW TO MAKE » p.81

C ラグランTシャツ 基本

■材料

生地A…フリースニット生地
生地B…リブニット生地

■下準備

1. 型紙を写し、裁ち方図を参考に縫い代（赤線：指定以外1㎝）をつけます。
2. 必要用尺を計算し、生地を購入します。
3. 型紙を配置し、ゆっくり生地を裁断します。

■裁ち方図　基本

モデル犬／スタンダード・プードル
（Photo：p.79）

首まわり…38cm
胴まわり…68cm
着丈…49cm
体重…20kg
型紙…3L

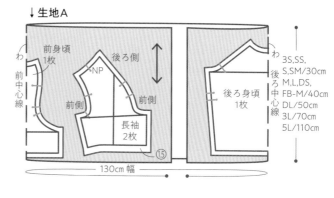

↓生地A

↓生地B　※えりリブは1枚裁断します。

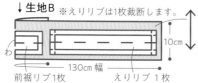

■サイズ表

(cm)

サイズ	首まわり（えりリブの長さ）A	胴まわりB	着丈（えりリブ込み）C	※欄外のわんこ服 着丈（えりリブ込み）	目安体重（kg）
3S	16.5	31	17.5	19.5	1.5 〜 2
SS	19	35.5	21	23	〜 3
S	21	40	22.5	24.5	〜 4
SM	22	43.5	25	27	〜 5
M	23	47	27	29	〜 6
L	32.5	54	32.5	34.5	〜 8
3L	36.5	68	42	44	12 〜 16
5L	42.5	88	63	65	26 〜 35
DS	23	43	32.5	34.5	3 〜 4.5
DL	30	55	37.5	39.5	7 〜 10
FB－M	34	52	27.5	29	8 〜 13

※p.92「重ね着風ラグランシャツ」は、デザインの都合で着丈を基本の形より2㎝伸ばしています。

基本のラグランTシャツ

Photo » p.79
Design » 武田斗環
実物大型紙A・B

STEP 1. 前身頃と後ろ身頃を縫い合わせる

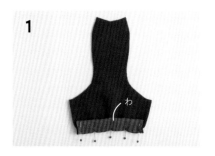

1

裾リブを外表に二つに折り、前身頃の裾に中表に合わせ、均等にまち針でとめます。

2

ロックミシンで縫い合わせます（縫い代1cm）。

3

前身頃と後ろ身頃の脇を、中表に合わせてまち針でとめます。

4

脇を直線ミシンで縫い合わせます（縫い代1cm）。

5

縫い代を切り落とさずに裾までロックミシンで始末します。

6

もう一方の脇も同様にします。

7

裾の端を切り落とさずにロックミシンで始末します。

8

後ろ身頃の脇の縫い代を裏側に1cm折り、まち針でとめます。

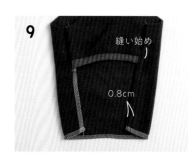

9

前裾リブ上端から裾まで、端から0.8cmのところをステッチします。

10

後ろ身頃のもう一方の脇も、同様にします。

11

後ろ身頃の裾を裏側に1cm折り、まち針でとめます。

12

0.8cm

裾の端から0.8cmのところを表からステッチします。

STEP 2. 袖を作ってつける ------------------------------------

1

袖口の端を切り落とさずにロックミシンで始末します。

2

袖口を裏側に1.5cm折り、まち針でとめます。

3

1.2cm

袖口の端から1.2cmのところを表からステッチします。

4

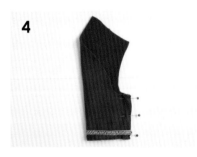

袖下を中表に合わせ、まち針でとめます。

5

袖下をロックミシンで縫い合わせます（縫い代1cm）。袖口の空環（からかん）を始末します。

6

袖を表に返し、袖の左右を間違えないように確認します。袖と身頃にまち針で合印をつけます。

7

袖と身頃を中表にして合印を合わせてまち針でとめます。

8

ロックミシンで縫い合わせます（縫い代1cm）。

9

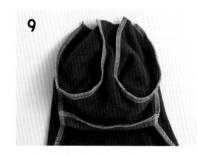

両袖とも縫い合わせます。

STEP 3. えりリブをつける -------------------------------

1

えりリブを中表で二つに折り、「輪」になるようにまち針でとめます。

2

縫い代1cmで縫います。

3

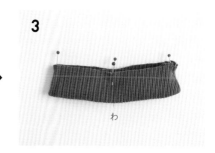

2の縫い代を割って、外表に二つに折ります。4等分のところにまち針で印をつけます。

4

えりぐりにも、まち針で4等分の印をつけます。

5

えりリブとえりぐりの4等分の印を合わせ、まち針でとめます。

6

ロックミシンで縫い合わせます（縫い代1cm）。

7

完成。

BACK
背面

SIDE
側面

FINISH!

VARIATION

GREEN

LIGHT-GRAY × RED

CHECK × BLACK

配色のバリエーション

袖の色を替えて元気なイメージに。冬用のあったか素材にもチャレンジしてみましょう。

C ラグランTシャツ の基本をマスターしたら
次はアレンジに挑戦！

Intermediate
- 中級 -

基本のラグランTシャツの型紙を使い、オリジナルのアレンジにチャレンジしましょう。
アップリケをつけたり、反射テープをつけたり、アレンジによってイメージが変わります。

[アレンジ 1]

[アレンジ 2]

[アレンジ 3]

Advanced
- 上級 -

重ね着風アレンジや、ハイネックアレンジなど難度の高いデザインにも挑戦。
ポケットつけは、ちょっとしたコツできれいにつけられます。

[アレンジ 4]

[アレンジ 5]

[アレンジ 6]

RAGLAN

Intermediate
- 中級 -

反射テープの縫いつけなど、ラグラン袖ならではのアレンジを含め、
さまざまなアレンジ技術にトライしてみましょう！
タンクトップ、Tシャツで学んだ中級のアレンジ案も
パネルTシャツ以外はラグランTシャツでも組み合わせられるので、
ラグラン袖になったらどうなるのか、作ってみるのもおススメです。
作る前にデザイン画を描き、実際の作品と見比べてみることで
頭の中のイメージをデザインに落とし込む練習になります。

HOW TO MAKE » p.89

C ラグランTシャツ ## 中級　裁ち方図

[星と月のラグランTシャツ]

(HOW TO MAKE　p.87)

■材料

生地A…ミニ裏毛ニット生地
生地B…合皮（洗濯できるもの）
生地C…デニム生地

ラインストーン青4個、黄10個、無色18個
3S、SS、S、SM、M/ストーン3mm
FB-M、L、DS、DL/ストーン4mm
3L、5Lストーン5mm
布用のり

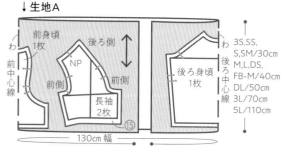

↓生地A

前身頃 1枚
後ろ側
NP
前側
前中心線
わ
長袖 2枚
⑮
130cm幅

わ
後ろ中心線
後ろ身頃 1枚
3S,SS,
S,SM/30cm
M,L,DS,
FB-M/40cm
DL/50cm
3L/70cm
5L/110cm

 ↓生地B

※えりリブは1枚裁断します。

わ
10cm
130cm幅
前裾リブ1枚　　えりリブ 1枚

 ↓生地C

※縫い代込み

[反射テープのラグランTシャツ]

(HOW TO MAKE　p.88)

■材料

生地A…ミニ裏毛ニット生地
生地B…リブニット生地
再帰反射ストレッチテープ

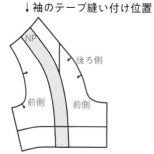

↓袖のテープ縫い付け位置

NP
後ろ側
前側　前側

SIZE	袖テープ（cm）		裾テープ	
	幅	長さ×2本（cm）	幅	長さ（cm）
3S	10mm	22	7×7mm	24
SS	10mm	23.5	7×7mm	27
S	20mm	26.5	10×10mm	30
SM	20mm	29	10×10mm	32.5
M	20mm	31.5	10×10mm	34.5
L	20mm	33	15×15mm	36.5
3L	20mm	43	15×15mm	45.5
5L	30mm	49.5	20×20mm	55
DS	20mm	27	10×10mm	36
DL	20mm	26	15×15mm	38
FB-M	20mm	24	10×10mm	38.5

※縫い代込み

[ギャザーフリルのラグランTシャツ]

(Photo p.85　HOW TO MAKE　p.89)

モデル犬/フレンチ・ブルドッグ
(Photo：p.85)

首まわり…40cm
胴まわり…54cm
着丈…31cm
体重…11.5kg
型紙…FB-M

補正のポイント
・FB-Mの後ろ身頃の後
ろ中心を平行に1cm移動
し、首まわりと胴まわ
りを4cm大きく補正

■材料

生地A…天竺ニット生地
生地B…ウォッシャブルフェルト（2mm厚）
ハート型紙
　3S、SS、S、SM、DS/小
　M、L、DL、FB-M/中
　3L、5L/大

後ろ見頃裾フリルの長さ
↓裾の長さ×2.5倍

裾の長さ×2.5倍

袖口フリルの長さ
↓袖口の長さ×2.5倍

NP
後ろ側
前側

袖口の長さ×2.5倍

フリル幅

SIZE	袖口	裾上	裾上
3S、SS、S、SM、DS	2cm	2.5cm	3cm
M、L	3cm	4cm	4.5cm
DL、FB-M	2cm	4cm	4.5cm
3L、5L	4cm	5.5cm	6cm

↓生地A

※えりリブは1枚裁断します。

前身頃 1枚
後ろ側
袖口フリル 2枚
NP
前側　前側
えりリブ 1枚
半袖 2枚
⑮
わ
前中心線

わ
後ろ中心線
後ろ身頃 1枚
3S,SS,S/30cm
SM,M,DS/40cm
FB-M/50cm
L,DL/60cm
3L/100cm
5L/120cm

130cm幅
前裾リブ 1枚
後ろ身頃裾フリル上 1枚のみ裁断
後ろ身頃裾フリル下 1枚のみ裁断

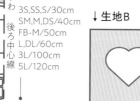 ↓生地B

※縫い代込み

BACK　　　**SIDE**

星と月のラグランTシャツ

Design » あずきもなか犬服レッスン
実物大型紙A・B

STEP 1. アップリケをつける --

1

後ろ身頃のお好みの位置にアップリケ
を配置します。

2

まち針で固定します。

3

コバステッチで周囲を縫います。

STEP 2. ラインストーンをつける -------------------------

1

ラインストーンを布用のりで貼りつけ
ます。

2

基本のラグランTシャツと同様に作り
ます。完成。

C　ラグランTシャツ　中級　# 反射テープのラグランTシャツ

Design » アトリエ ティアン

BACK　　**SIDE**

STEP 1. 袖にテープをつける ------------------- ZOOM!

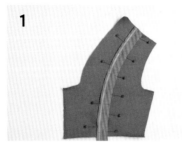

1

袖の長さよりやや長めに反射テープを
2本カットします。袖の背中に近い方
に反射面を配置し、まち針でとめます。

※位置は型紙参照。

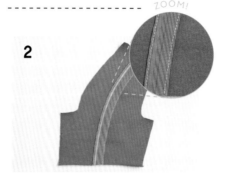

2

テープの両端をコバステッチします。
テープは袖の長さに合わせてカットし
ます。

STEP 2. 裾にテープをつける --

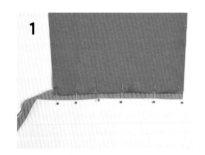

1

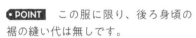

裾をテープで挟んだときに、テープの
反射面が表にくるように確認し、テー
プの裏に後ろ身頃の表を上にして重ね、
まち針でとめます。

● POINT　この服に限り、後ろ身頃の
裾の縫い代は無しです。

2

0.5cm

布端から0.5cmのところをステッチし
ます。裾幅に合わせてテープはカット
します。

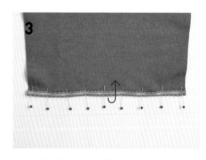

3

テープを折って、裾をくるみ、まち針
でとめます。

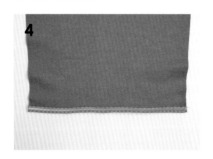

4

テープの端をコバステッチで縫いとめ
ます。

5

拡大したところ。基本のラグランTシ
ャツと同様に完成まで作ります。

BACK **SIDE**

C ラグランTシャツ 中級 ギャザーフリルの ラグランTシャツ

Photo » p.85
Design » MamiMamiまひろん
実物大型紙A・B

STEP 1. アップリケをつけて身頃を縫う

1

ハートのアップリケを後ろ身頃のお好みの位置にコバステッチで縫いつけます。

2

基本のラグランTシャツの作り方で完成させます。

STEP 2. フリルをつける

1

袖口用、裾用のフリル布を用意します。布端は裁ち落としのまま使います。

2

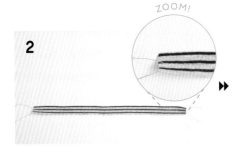

ZOOM!

フリルのセンターにギャザー寄せの粗ミシンをステッチ幅4～5位でかけます。4本とも同様にかけます。

3

裾幅に合わせ、ギャザーを寄せます。

4

幅の広い方のフリルを裾の端に合わせ、表を上にしてまち針でとめます。

5

ギャザーを寄せたステッチの上を縫いつけます。

6

幅の狭い方のフリルを、1枚目のフリルの上に重ね、1枚目と同様に縫いつけます。

7

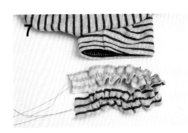

袖口フリルも袖口プラス1cmの長さに合わせてギャザーを寄せます。

8

袖下で両端を0.5cmほど重ねます。

9

ギャザーを寄せたステッチの上をミシンまたは手縫いで縫いつけます。

10

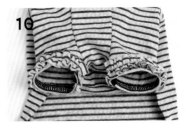

もう片方の袖口にもフリルをつけます。完成。

89

RAGLAN

Advanced
- 上級 -

この本最後のレッスンです！ ラグラン袖がより
引き立つように、袖の生地を変えたり、
スポーティーなハイネックや、
シャツ風アレンジなどを作ってみましょう。
飼い主さんとリンクするネックウォーマーや
スマホホルダーなど、学んだ技術を
総動員して制作していきましょう。
完成したらサイズを測ってみましょう！
首まわり、胴まわり、着丈はサイズ表と同じですか、
サイズ通りでなかったなら、裁断のときに
ずれていないか、縫い代1cmで縫えているか、
生地が伸びてしまっていないか、
原因を考えてみましょう。一つ一つ
こだわることで上達します。

HOW TO MAKE » p.92

 **C ラグランTシャツ** # 上級　裁ち方図

[重ね着風ラグランシャツ]

(Photo p.6・90　HOW TO MAKE　p.92)

モデル犬／トイ・プードル
(Photo：p.6・90)

首まわり…25cm
胴まわり…39cm
着丈…33cm
体重…4kg
型紙…S

■材料

生地A…ミニ裏毛ニット生地
生地B…ダンガリー生地
生地C…スパンテレコ生地
Yシャツ用ボタン

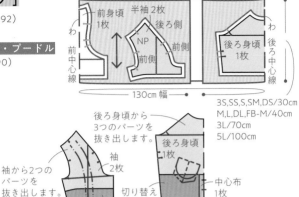

↓生地A

半袖 2枚
前身頃 1枚
後ろ側
NP
前側
前中心線
わ

130cm 幅

3S,SS,S,SM,DS/30cm
M,L,DL,FB-M/40cm
3L/70cm
5L/100cm

後ろ身頃 1枚
後ろ中心線
わ

↓生地B
※中心布は1枚裁断します。シャツ布1枚
切り替え
カフス 2枚
カフス 2枚
中心布1枚
わ

110cm 幅
3S,SS,S,SM,M,L,3L,DS,DL,FB-M/20cm
5L/30cm

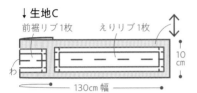

後ろ身頃から
3つのパーツを
抜き出します。

後ろ身頃 1枚

袖から2つの
パーツを
抜き出します。

袖 2枚
カフス 4枚

切り替え
シャツ布 1枚

中心布 1枚

↓生地C
前裾リブ1枚　えりリブ1枚
わ
10cm
130cm 幅

ボタン個数とサイズ表

ボタンの大きさ	10mm							11.5mm
2個	3S	SS	S	SM	M	L	FB-M	3L
3個	DS	DL						5L

[ハイネックラグラン]

(Photo p.10　HOW TO MAKE　p.94)

モデル犬／イタリアン・グレイハウンド
(Photo：p.10)

首まわり…23cm
胴まわり…43cm
着丈…41cm
体重…5kg
型紙…M

補正のポイント
Mサイズの型紙の着丈を
37cmに伸ばして補正

■材料

生地A…段ボールニット生地（グリーン）
生地B…段ボールニット生地（ピンク）
生地C…スパンフライスニット生地
丸ゴム直径4mm

ストッパー1個
タグ1枚
ほつれ止め液

3S、SS、S、SM、M、DS/50cm
L、3L、5L/70cm
DL、FB-M/60cm

↓生地B
わ
前中心線
前身頃 1枚
後ろ身頃 1枚
後ろ中心線
わ
130cm 幅

3S,SS,
S,SM/30cm
M,L,DS,
FB-M/40cm
3L,DL/50cm
5L/70cm

↓生地A
(15)
わ
えり 1枚
後ろ側
NP
前側
前側
(15)
長袖 2枚
130cm 幅

3S,SS,S,
SM,DS,DL/30cm
M,L,FB-M/40cm
3L/50cm
5L/80cm

↓生地C
前裾リブ 1枚
わ
10cm
130cm 幅

[ポケットつきラグランTシャツ]

(HOW TO MAKE　p.95)

■材料

生地A…段ボールニット生地（生成り）
生地B…段ボールニット生地（グレー）
生地C…段ボールニット生地（ブラウン）
生地D…リブ生地

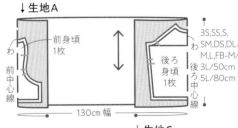

↓生地A
わ
前中心線
前身頃 1枚
後ろ身頃 1枚
後ろ中心線
わ
130cm 幅

3S,SS,S,
SM,DS,DL/30cm
M,L,FB-M/40cm
3L/50cm
5L/80cm

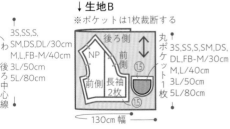
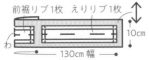

↓生地B
※ポケットは1枚裁断する
後ろ側
NP
前側
前側
(15)
長袖 2枚
(15)
丸ポケット
130cm 幅

3S,SS,S,SM,DS,
DL,FB-M/30cm
M,L/40cm
3L/50cm
5L/80cm

↓生地C
角ポケット 1枚
(15)

3S,SS,S,SM/10cm
M,L,3L,5L,DS,
DL,FB-M/20cm

3S,SS,S,SM/10cm
M,L,3L,5L,DS,DL,FB-M/20cm

↓生地D
前裾リブ1枚　えりリブ1枚
わ
10cm
130cm 幅

重ね着風ラグランシャツ

Photo » p.6・90
Design » un.deux.dogwear
実物大型紙A・B・C

BACK　　　SIDE

STEP 1. 後ろ身頃と切り替え布を縫い合わせる

1

後ろ身頃、切り替えシャツ布、中心布、Yシャツ用ボタン、ボタンつけ用手縫い糸を用意します。

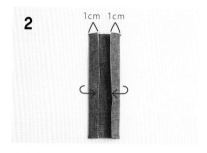

2

1cm 1cm

中心布の両端を裏に1cmずつ折ります。

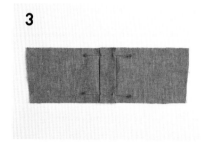

3

切り替えシャツ布の中心に中心布を重ね、まち針でとめます。（位置は型紙参照）

4

中心布の両端をコバステッチで縫いつけます。

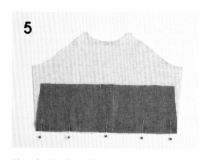

5

後ろ身頃に切り替えシャツ布を中表に合わせ、まち針でとめます。

6

直線ミシンで縫います（縫い代1cm）。

STEP 2. 飾りボタンをつける

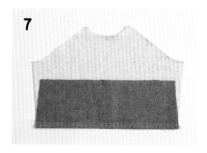

7

縫い代を切り落とさずにロックミシンで始末します。

1

切り替えシャツ布の中心布にボタン位置の印をつけます。（位置と個数は型紙参照）

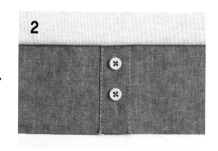

2

ボタンを縫いつけます。

1

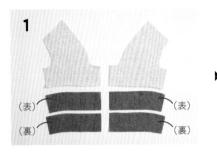

袖本体と、カフスを左右それぞれ2枚用意します。

2

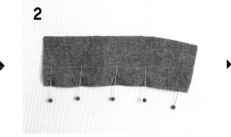

表裏のカフスを中表に合わせ、袖口をまち針でとめます。

3

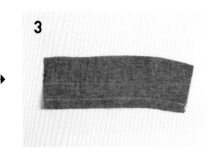

縫い代1cmで縫い合わせます。

4

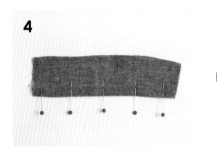

表に返してアイロンで形を整え、袖口をまち針でとめます。

5

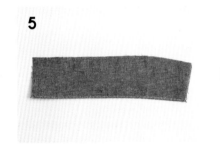

袖口をコバステッチします。

6

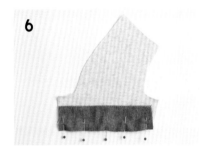

袖にカフスの縫っていない方の端を中表に合わせ、まち針でとめます。

7

直線ミシンで縫い合わせます（縫い代1cm）。

8

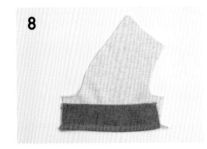

縫い代を切り落とさずに、ロックミシンで始末します。

9

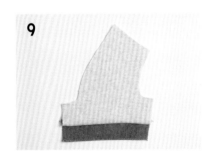

表に返します。もう片袖も同様に作ります。基本のラグランTシャツと同様に完成まで作ります。

ハイネックラグラン

Photo » p.10
Design » Cocha★9
実物大型紙A・B・C

BACK　　**SIDE**

1

タグを後ろ身頃のお好みの位置に配置し、コバステッチで縫いつけます。

2

基本のラグランTシャツの**STEP 2**まで作ります。

3

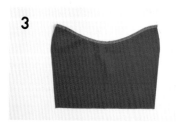

ハイネックの上部を、端を切り落とさずにロックミシンで始末します。

4

中表で二つに折り、まち針でとめます。

5

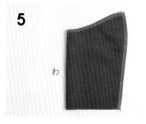

ロックミシンで縫い合わせます（縫い代1cm）。

6

ハイネック口を1.5cm裏側へ折り、まち針でとめます。

7

端から1.2cmのところをステッチします。

8

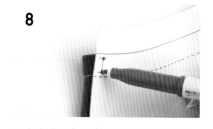

ひもを通す穴の位置の印をつけます。（位置は型紙参照）

9

リッパーで表側だけひも通し穴をあけ、裏側に液がつかないように気をつけて、ほつれ止め液を塗ります。

10

ほつれ止め液が乾いてから丸ゴムを通し、ストッパーをつけます。余ったゴムは切り落とします。

11

ハイネックのストッパーがついた側が前中心に、**5**での縫い目が後ろ中心にくるように、身頃と中表に合わせてロックミシンで縫い合わせます（縫い代1cm）。

12

完成。

Design » アトリエ ティアン
実物大型紙A・B

ポケットつき ラグランTシャツ

BACK   SIDE

EP 1. ポケット口を縫う

1

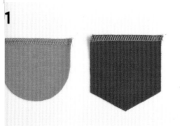

ケット口の端を切り落とさずにロッ
ミシンで始末します。

2

3

1.3cm

端から1.3cmのところをステッチしま
す。

ポケット口を1.5cm裏側へ折り、まち
針でとめます。

EP 2. ポケットの形を作る

1

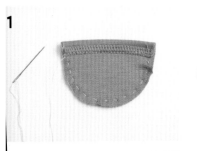

いポケットは、カーブ部分の生地端
ら0.3cm程度を粗くぐし縫いします。

2

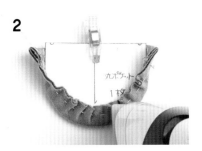

型紙を厚紙に写してテンプレートを作
ります（縫い代はつけない）。カーブ
に当て、ぐし縫いを絞ってギャザーを
寄せながら、縫い代を折ってアイロン
で押さえます。

3

五角形のポケットも、同様に厚紙でテ
ンプレートを作り、当ててアイロンで
縫い代を折ります。

EP 3. ポケットをつける

1

ケットを配置しまち針でとめます。
位置は型紙参照）

2

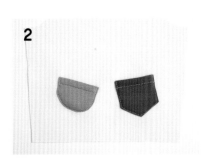

コバステッチでポケットを縫いつけま
す。基本のラグランTシャツと同様に
完成まで作ります。

一般社団法人日本ペット服手作り協会®（JPHA）

ペットと人のより豊かな社会の実現を目指し、ペットが必要なときに、必要な服を手に入れられるよう、手作りペット服の技術の普及に努めています。全国で手作りペット服教室を開催できる認定講師を養成し、講師のスキルの習得や、教室運営のサポート、相互に助け合えるコミュニティ作りを行っています。講師の方々がイキイキと楽しんで仕事にするお手伝いをすることで、講師を通し、ペットのために手作りしたい方を応援する活動をしています。
https://petwear.or.jp/

制作協力

武田斗環　滝口まさよ　木下直子　白石雅子　藤原弘美　南明子
西畑まゆみ　野田さくら　渡辺麗子　山口和美　沢照美　松永真也子
神坂ゆみ　岡本昌子　鍛治田麗美　加藤純子　まひろん　村田悦子
清水園華　木村広子　知野真奈美　荻原千恵子　河井亜紀
滝本登紀子　村田雅子　浜川晃子　上辻知津子

型紙：保地佐弓（milla milla）

ブックデザイン	眞柄花穂、石井志歩（Yoshi-des.）
撮　影	蜂巣文香
プロセス撮影	本間伸彦
イラスト	CHAKI
トレース	松尾容巳子（MondoYumico）
編　集	大野雅代（クリエイトONO）
進　行	打木 歩

モデル犬

ボストン・テリア	エース
ラブラドール・レトリーバー	チェルシー
コーギー	びー
トイ・プードル	なな、ココ
柴犬	もも
チワワ	マルス
ミニチュア・ダックスフンド	幸（ゆき）
ジャック・ラッセル・テリア	秀次朗(ヒデジロウ)
スタンダード・プードル	クラリス
フレンチ・ブルドッグ	MONAMONA
イタリアン・グレイハウンド	こむぎ

［ご協力いただいた会社］
mocamocha
https://www.mocamocha.com/

スマイル
https://www.smilefabric.com/

ねこの隠れ家
https://www.tiara-cat.co.jp/

やまのこ
https://www.rakuten.co.jp/knit-yamanokko/

Solpano
https://www.sunsquare.shop/c/solpano

ADDICTBULL
https://addictbull.thebase.in/

［読者の皆様へ］
本書の内容に関するお問い合わせは、
お手紙またはメール（info@TG-NET.co.jp）にて承ります。
恐縮ですが、電話でのお問い合わせはご遠慮ください。
「かんたん手作りわんこ服」編集部

＊本書に掲載している作品の複製・販売はご遠慮ください。

かんたん手作り わんこ服

2023年9月20日　初版第1刷発行

著　者	一般社団法人日本ペット服手作り協会®
発行者	廣瀬和二
発行所	株式会社日東書院本社
	〒113-0033 東京都文京区本郷1-33-13 春日町ビル5F
	TEL　03-5931-5930（代表）
	FAX　03-6386-3087（販売部）
	URL　https://tg-net.co.jp/
印刷所	図書印刷株式会社
製本所	セイコーバインダリー

©JAPAN PETWEAR HANDMADE ASSOCIATION 2023,Printed in Japan
ISBN978-4-528-02411-3 C2077